Das 6. und 7. Geschichtsbuch
aus dem Alten Testament der Bibel

Das 1. Buch der Könige

Die Geschichte Salomos

*Von den getrennten Reichen,
von Königs- und Prophetendarstellungen,
Elija und seinen Wundertaten, Elischa,
David und Salomo
und den Königen des Nordreichs Israel*

*Übersetzung nach
Martin Luther 1545*

Bibliografische Information der Deutschen Nationalbibliothek:
Die Deutsche Nationalbibliothek verzeichnet diese Publikation in der Deutschen Nationalbibliografie; detaillierte bibliografische Daten sind im Internet über http://dnb.dnb.de abrufbar.

TWENTYSIX – Der Self-Publishing-Verlag

Eine Marke der Books on Demand GmbH

Herstellung und Verlag:
BoD – Books on Demand, Norderstedt

ISBN: 978-3-740-78001-2

Übersetzung nach Martin Luther 1545

Layout, Schriftsatz, Formatierung:
Antonia Katharina Tessnow
www.antonia-katharina.de

1. Kapitel

1 Und da der König David alt war und wohl betagt, konnte er nicht mehr warm werden, ob man ihn gleich mit Kleidern bedeckte.

2 Da sprachen seine Knechte zu ihm: Laßt sie meinem Herrn, dem König, eine Dirne, eine Jungfrau, suchen, die vor dem König stehe und sein pflege und schlafe in seinen Armen und wärme meinen Herrn, den König.

3 Und sie suchten eine schöne Dirne im ganzen Gebiet Israels und fanden Abisag von Sunem und brachten sie dem König.

4 Und sie war eine sehr schöne Dirne und pflegte des Königs und diente ihm. Aber der König erkannte sie nicht.

5 Adonia aber, der Sohn der Haggith, erhob sich und sprach: Ich will König werden! und machte sich Wagen und Reiter und fünfzig Mann zu Trabanten vor ihm her.

6 Und sein Vater hatte ihn nie bekümmert sein Leben lang, daß er hätte gesagt: Warum tust du also? Und er war auch ein sehr schöner Mann und war geboren nächst nach Absalom.

7 Und er hatte seinen Rat mit Joab, dem Sohn der Zeruja, und mit Abjathar, dem Priester; die

halfen Adonia.

8 Aber Zadok, der Priester, und Benaja, der Sohn Jojadas, und Nathan, der Prophet, und Simei und Rei und die Helden Davids waren nicht mit Adonia.

9 Und da Adonia Schafe und Rinder und gemästetes Vieh opferte bei dem Stein Soheleth, der neben dem Brunnen Rogel liegt, lud er alle seine Brüder, des Königs Söhne, und alle Männer Juda's, des Königs Knechte.

10 Aber den Propheten Nathan und Benaja und die Helden und Salomo, seinen Bruder, lud er nicht.

11 Da sprach Nathan zu Bath-Seba, Salomos Mutter: Hast du nicht gehört, daß Adonia, der Sohn der Haggith, ist König geworden? Und unser Herr David weiß nichts darum.

12 So komm nun, ich will dir einen Rat geben, daß du deine Seele und deines Sohnes Salomo Seele errettest.

13 Auf, und gehe zum König David hinein und sprich zu ihm: Hast du nicht, mein Herr König, deiner Magd geschworen und geredet: Dein Sohn Salomo soll nach mir König sein, und er soll auf meinem Stuhl sitzen? Warum ist denn Adonia König geworden?

14 Siehe, wenn du noch da bist und mit dem König redest, will ich dir nach hineinkommen und vollends deine Worte ausreden.

15 Und Bath-Seba ging hinein zum König in die Kammer. Und der König war sehr alt, und

Abisag von Sunem diente dem König.

16 Und Bath-Seba neigte sich und fiel vor dem König nieder. Der König aber sprach: Was ist dir?

17 Sie sprach zu ihm: Mein Herr, du hast deiner Magd geschworen bei dem HERRN, deinem Gott: Dein Sohn Salomo soll König sein nach mir und auf meinem Stuhl sitzen.

18 Nun aber siehe, Adonia ist König geworden, und, mein Herr König, du weißt nichts darum.

19 Er hat Ochsen und gemästetes Vieh und viele Schafe geopfert und hat geladen alle Söhne des Königs, dazu Abjathar, den Priester, und Joab den Feldhauptmann; aber deinen Knecht Salomo hat er nicht geladen.

20 Du aber, mein Herr König, die Augen des ganzen Israel sehen auf dich, daß du ihnen anzeigest, wer auf dem Stuhl meines Herrn Königs sitzen soll.

21 Wenn aber mein Herr König mit seinen Vätern entschlafen ist, so werden ich und mein Sohn Salomo müssen Sünder sein.

22 Als sie aber noch redete mit dem König, kam der Prophet Nathan.

23 Und sie sagten's dem König an: Siehe, da ist der Prophet Nathan. Und als er hinein vor den König kam, fiel er vor dem König nieder auf sein Angesicht zu Erde

24 und sprach: Mein Herr König, hast du gesagt: Adonia soll nach mir König sein und auf meinem Stuhl sitzen?

25 Denn er ist heute hinabgegangen und hat geopfert Ochsen und Mastvieh und viele Schafe und hat alle Söhne des Königs geladen und die Hauptleute, dazu den Priester Abjathar. Und siehe, sie essen und trinken vor ihm und sagen: Glück zu dem König Adonia!

26 Aber mich, deinen Knecht, und Zadok, den Priester, und Benaja, den Sohn Jojadas, und deinen Knecht Salomo hat er nicht geladen.

27 Ist das von meinem Herrn, dem König, befohlen, und hast du es deine Knechte nicht wissen lassen, wer auf dem Stuhl meines Herrn, des Königs, nach ihm sitzen soll?

28 Der König David antwortete und sprach: Rufet mir Bath-Seba! Und sie kam hinein vor den König. Und da sie vor dem König stand,

29 schwur der König und sprach: So wahr der HERR lebt, der meine Seele erlöst hat aus aller Not,

30 ich will heute tun, wie ich dir geschworen habe bei dem HERRN, dem Gott Israels, und geredet, daß Salomo, dein Sohn, soll nach mir König sein, und er soll auf meinem Stuhl sitzen für mich.

31 Da neigte sich Bath-Seba mit ihrem Antlitz zur Erde und fiel vor dem König nieder und sprach: Glück meinem Herrn, dem König David, ewiglich!

32 Und der König David sprach: Rufet mir den Priester Zadok und den Propheten Nathan und Benaja, den Sohn Jojadas! Und da sie

hineinkamen vor den König,

33 sprach der König zu ihnen: Nehmet mit euch eures Herrn Knechte und setzet meinen Sohn Salomo auf mein Maultier und führet ihn hinab gen Gihon.

34 Und der Priester Zadok samt dem Propheten Nathan salbe ihn daselbst zum König über Israel. Und blast mit den Posaunen und sprecht: Glück dem König Salomo!

35 Und ziehet mit ihm herauf, und er soll kommen und sitzen auf meinem Stuhl und König sein für mich; und ich will ihm gebieten, daß er Fürst sei über Israel und Juda.

36 Da antwortete Benaja, der Sohn Jojadas, dem König und sprach: Amen! Es sage der HERR, der Gott meines Herrn, des Königs, auch also!

37 Wie der HERR mit meinem Herrn, dem König gewesen ist, so sei er auch mit Salomo, daß sein Stuhl größer werde denn der Stuhl meines Herrn, des Königs David.

38 Da gingen hinab der Priester Zadok und der Prophet Nathan und Benaja, der Sohn Jojadas, und die Krether und Plether und setzten Salomo auf das Maultier des Königs David und führten ihn gen Gihon.

39 Und der Priester Zadok nahm das Ölhorn aus der Hütte und salbte Salomo. Und sie bliesen mit der Posaune, und alles Volk sprach: Glück dem König Salomo!

40 Und alles Volk zog ihm nach herauf, und das Volk pfiff mit Flöten und war sehr fröhlich, daß

die Erde von ihrem Geschrei erscholl.

41 Und Adonai hörte es und alle, die er geladen hatte, die bei ihm waren; und sie hatten schon gegessen. Und da Joab der Posaune Schall hörte, sprach er: Was will das Geschrei und Getümmel der Stadt?

42 Da er aber noch redete, siehe, da kam Jonathan, der Sohn Abjathars, des Priesters. Und Adonia sprach: Komm herein, denn du bist ein redlicher Mann und bringst gute Botschaft.

43 Jonathan antwortete und sprach zu Adonia: Ja, unser Herr, der König David, hat Salomo zum König gemacht

44 und hat mit ihm gesandt den Priester Zadok und den Propheten Nathan und Benaja, den Sohn Jojadas, und die Krether und Plether; und sie haben ihn auf des Königs Maultier gesetzt;

45 und Zadok, der Priester, samt dem Propheten Nathan hat ihn gesalbt zum König zu Gihon, und sind von da heraufgezogen mit Freuden, daß die Stadt voll Getümmels ist. Das ist das Geschrei, das ihr gehört habt.

46 Dazu sitzt Salomo auf dem königlichen Stuhl.

47 Und die Knechte des Königs sind hineingegangen, zu segnen unsern Herrn, den König David, und haben gesagt: Dein Gott mache Salomo einen bessern Namen, denn dein Name ist, und mache seinen Stuhl größer, denn deinen Stuhl! Und der König hat angebetet auf dem Lager.

48 Auch hat der König also gesagt: Gelobt sei

der HERR, der Gott Israels, der heute hat lassen einen sitzen auf meinem Stuhl, daß es meine Augen gesehen haben.

49 Da erschraken und machten sich auf alle, die bei Adonia geladen waren, und gingen hin, ein jeglicher seinen Weg.

50 Aber Adonia fürchtete sich vor Salomo und machte sich auf, ging hin und faßte die Hörner des Altars.

51 Und es ward Salomo angesagt: Siehe, Adonia fürchtet den König Salomo; und siehe, er faßte die Hörner des Altars und spricht: Der König Salomo schwöre mir heute, daß er seinen Knecht nicht töte mit dem Schwert.

52 Salomo sprach: Wird er redlich sein, so soll kein Haar von ihm auf die Erde fallen; wird aber Böses an ihm gefunden, so soll er sterben.

53 Und der König Salomo sandte hin und ließ ihn herab vom Altar holen. Und da er kam, fiel er vor dem König Salomo nieder. Salomo aber sprach zu Ihm: Gehe in dein Haus!

2. Kapitel

Davids letzter Wille und Tod. Salomos Nachfolge; seine Strenge beim Antritt der Regierung.

1 Als nun die Zeit herbeikam, daß David sterben sollte, gebot er seinem Sohn Salomo und

sprach:

2 Ich gehe hin den Weg aller Welt; so sei getrost und sei ein Mann

3 und warte des Dienstes des HERRN, deines Gottes, daß du wandelst in seinen Wegen und haltest seine Sitten, Gebote und Rechte und Zeugnisse, wie geschrieben steht im Gesetz Mose's, auf daß du klug seist in allem, was du tust und wo du dich hin wendest;

4 auf daß der HERR sein Wort erwecke, das er über mich geredet hat und gesagt: Werden deine Kinder ihre Wege behüten, daß sie vor mir treulich und von ganzem Herzen und von ganzer Seele wandeln, so soll dir nimmer gebrechen ein Mann auf dem Stuhl Israels.

5 Auch weißt du wohl, was mir getan hat Joab, der Sohn der Zeruja, was er tat den zwei Feldhauptmännern Israels, Abner dem Sohn Ners, und Amasa, dem Sohn Jethers, die er erwürgt hat und vergoß Kriegsblut im Frieden und tat Kriegsblut an seinen Gürtel, der um seine Lenden war, und an seine Schuhe, die an seinen Füßen waren.

6 Tue nach deiner Weisheit, daß du seine grauen Haare nicht mit Frieden hinunter in die Grube bringst.

7 Aber den Kindern Barsillais, des Gileaditers, sollst du Barmherzigkeit beweisen, daß sie an deinem Tisch essen. Denn also nahten sie zu mir, da ich vor Absalom, deinem Bruder, floh.

8 Und siehe, du hast bei mir Simei, den Sohn

Geras, den Benjaminiter von Bahurim, der mir schändlich fluchte zu der Zeit, da ich gen Mahanaim ging. Er aber kam herab mir entgegen am Jordan. Da schwur ich ihm bei dem HERRN und sprach: Ich will dich nicht töten mit dem Schwert.

9 Du aber laß ihn nicht unschuldig sein; denn du bist ein weiser Mann und wirst wohl wissen, was du ihm tun sollst, daß du seine grauen Haare mit Blut hinunter in die Grube bringst.

10 Also entschlief David mit seinen Vätern und ward begraben in der Stadt Davids.

11 Die Zeit aber, die David König gewesen ist über Israel, ist vierzig Jahre: sieben Jahre war er König zu Hebron und dreiunddreißig Jahre zu Jerusalem.

12 Und Salomo saß auf dem Stuhl seines Vaters David, und sein Königreich ward sehr beständig.

13 Aber Adonia, der Sohn der Haggith, kam hinein zu Bath-Seba, der Mutter Salomos. Und sie sprach: Kommst du auch in Frieden? Er sprach: Ja!

14 und sprach: Ich habe mit dir zu reden. Sie sprach: Sage an!

15 Er sprach: Du weißt, daß das Königreich mein war und ganz Israel hatte sich auf mich gerichtet, daß ich König sein sollte; aber nun ist das Königreich gewandt und meines Bruders geworden, von dem HERRN ist's ihm geworden.

16 Nun bitte ich eine Bitte von dir; du wolltest mein Angesicht nicht beschämen. Sie sprach zu

ihm: Sage an!

17 Er sprach: Rede mit dem König Salomo, denn er wird dein Angesicht nicht beschämen, daß er mir gebe Abisag von Sunem zum Weibe.

18 Bath-Seba sprach: Wohl, ich will mit dem König deinethalben reden.

19 Und Bath-Seba kam hinein zum König Salomo, mit ihm zu reden Adonias halben. Und der König stand auf und ging ihr entgegen und neigte sich vor ihr und setzte sie auf seinen Stuhl. Und es ward der Mutter des Königs ein Stuhl gesetzt, daß sie sich setzte zu seiner Rechten.

20 Und sie sprach: Ich bitte eine kleine Bitte von dir; du wollest mein Angesicht nicht beschämen. Der König sprach zu ihr: Bitte, meine Mutter; ich will dein Angesicht nicht beschämen.

21 Sie sprach: Laß Abisag von Sunem deinem Bruder Adonia zum Weibe geben.

22 Da antwortete der König Salomo und sprach zu seiner Mutter: Warum bittest du um Abisag von Sunem für Adonia? Bitte ihm das Königreich auch; denn er ist mein älterer Bruder und hat den Priester Abjathar und Joab, den Sohn der Zeruja.

23 und der König Salomo schwur bei dem HERRN und sprach: Gott tue mir dies und das, Adonia soll das wider sein Leben geredet haben!

24 Und nun, so wahr der HERR lebt, der mich bestätigt hat und sitzen lassen auf dem Stuhl

meines Vaters David und der mir ein Haus gemacht hat, wie er geredet hat, heute soll Adonia sterben!

25 Und der König Salomo sandte hin Benaja, den Sohn Jojadas; der schlug ihn, daß er starb.

26 Und zu dem Priester Abjathar sprach der König: Gehe hin gen Anathoth zu deinem Acker; denn du bist des Todes. Aber ich will dich heute nicht töten; denn du hast die Lade des HERRN HERRN vor meinem Vater David getragen und hast mitgelitten, wo mein Vater gelitten hat.

27 Also verstieß Salomo den Abjathar, daß er nicht durfte Priester des HERRN sein, auf daß erfüllet würde des HERRN Wort, das er über das Haus Elis geredet hatte zu Silo.

28 Und dies Gerücht kam vor Joab; denn Joab hatte an Adonia gehangen, wiewohl nicht an Absalom. Da floh Joab in die Hütte des HERRN und faßte die Hörner des Altars.

29 Und es ward dem König Salomo angesagt, daß Joab zur Hütte des HERRN geflohen wäre, und siehe, er steht am Altar. Da sandte Salomo hin Benaja, den Sohn Jojadas, und sprach: Gehe, schlage ihn!

30 Und da Benaja zur Hütte des HERRN kam, sprach er zu ihm: So sagt der König: Gehe heraus! Er sprach: Nein, hier will ich sterben. Und Benaja sagte solches dem König wieder und sprach: So hat Joab geredet, und so hat er mir geantwortet.

31 Der König sprach zu ihm: Tue, wie er

geredet hat, und schlage ihn und begrabe ihn, daß du das Blut, das Joab ohne Ursache vergossen hat, von mir tust und von meines Vaters Hause;

32 und der HERR bezahle ihm sein Blut auf seinen Kopf, daß er zwei Männer erschlagen hat, die gerechter und besser waren denn er, und hat sie erwürgt mit dem Schwert, daß mein Vater David nichts darum wußte: Abner, den Sohn Ners, den Feldhauptmann über Israel, und Amasa, den Sohn Jethers, den Feldhauptmann über Juda;

33 daß ihr Blut bezahlt werde auf den Kopf Joabs und seines Samens ewiglich, aber David und sein Same, sein Haus und sein Stuhl Frieden habe ewiglich von dem HERRN.

34 Und Benaja, der Sohn Jojadas, ging hinauf und schlug ihn und tötete ihn. Und er ward begraben in seinem Hause in der Wüste.

35 Und der König setzte Benaja, den Sohn Jojadas, an seine Statt über das Heer, und Zadok, den Priester, setzte der König an die Statt Abjathars.

36 Und der König sandte hin und ließ Simei rufen und sprach zu ihm: Baue dir ein Haus zu Jerusalem und wohne daselbst und gehe von da nicht heraus, weder hierher noch daher.

37 Welches Tages du wirst hinausgehen und über den Bach Kidron gehen, so wisse, daß du des Todes sterben mußt; dein Blut sei auf deinem Kopf!

38 Simei sprach zum König: Das ist eine gute Meinung; wie mein Herr, der König, geredet hat, so soll dein Knecht tun. Also wohnte Simei zu Jerusalem lange Zeit.

39 Es begab sich aber über drei Jahre, daß zwei Knechte dem Simei entliefen zu Achis, dem Sohn Maachas, dem König zu Gath. Und es ward Simei angesagt: Siehe, deine Knechte sind zu Gath.

40 Da machte sich Simei auf und sattelte seinen Esel und zog hin gen Gath zu Achis, daß er seine Knechte suchte. Und da er hinkam, brachte er seine Knechte von Gath.

41 Und es ward Salomo angesagt, daß Simei hingezogen wäre von Jerusalem gen Gath und wiedergekommen.

42 Da sandte der König hin und ließ Simei rufen und sprach zu ihm: Habe ich dir nicht geschworen bei dem HERRN und dir bezeugt und gesagt, welches Tages du würdest ausziehen und hierhin oder dahin gehen, daß du wissen solltest, du müßtest des Todes sterben? und du sprachst zu mir: Ich habe eine gute Meinung gehört.

43 Warum hast du denn nicht dich gehalten nach dem Eid des HERRN und dem Gebot, das ich dir geboten habe?

44 Und der König sprach zu Simei: Du weißt alle die Bosheit, der dir dein Herz bewußt ist, die du meinem Vater David getan hast; der HERR hat deine Bosheit bezahlt auf deinen Kopf,

45 und der König Salomo ist gesegnet, und der Stuhl Davids wird beständig sein vor dem HERRN ewiglich.

46 Und der König gebot Benaja, dem Sohn Jojadas; der ging hinaus und schlug ihn, daß er starb. Und das Königreich ward bestätigt durch Salomos Hand.

3. Kapitel

Salomos Ehe, Gebet und Urteil.

1 Und Salomo verschwägerte sich mit Pharao, dem König in Ägypten und nahm Pharaos Tochter und brachte sie in die Stadt Davids, bis er ausbaute sein Haus und des HERRN Haus und die Mauer um Jerusalem her.

2 Aber das Volk opferte noch auf den Höhen; denn es war noch kein Haus gebaut dem Namen des HERRN bis auf die Zeit.

3 Salomo aber hatte den HERRN lieb und wandelte nach den Sitten seines Vaters David, nur daß er auf den Höhen opferte und räucherte.

4 Und der König ging hin gen Gibeon daselbst zu opfern; denn das war die vornehmste Höhe. Und Salomo opferte tausend Brandopfer auf demselben Altar.

5 Und der HERR erschien Salomo zu Gibeon im Traum des Nachts, und Gott sprach: Bitte, was ich dir geben soll!

6 Salomo sprach: Du hast an meinem Vater David, deinem Knecht, große Barmherzigkeit getan, wie er denn vor dir gewandelt ist in Wahrheit und Gerechtigkeit und mit richtigem Herzen vor dir, und hast ihm diese große Barmherzigkeit gehalten und ihm einen Sohn gegeben, der auf seinem Stuhl säße, wie es denn jetzt geht.

7 Nun, HERR, mein Gott, du hast deinen Knecht zum König gemacht an meines Vaters David Statt. So bin ich ein junger Knabe, weiß weder meinen Ausgang noch Eingang.

8 Und dein Knecht ist unter dem Volk, das du erwählt hast, einem Volke, so groß das es niemand zählen noch beschreiben kann vor der Menge.

9 So wollest du deinem Knecht geben ein gehorsames Herz, daß er dein Volk richten möge und verstehen, was gut und böse ist. Denn wer vermag dies dein mächtiges Volk zu richten?

10 Das gefiel dem HERRN wohl, daß Salomo um ein solches bat.

11 Und Gott sprach zu ihm: Weil du solches bittest und bittest nicht um langes Leben noch um Reichtum noch um deiner Feinde Seele, sondern um Verstand, Gericht zu hören,

12 siehe, so habe ich getan nach deinen Worten. Siehe, ich habe dir ein weises und verständiges Herz gegeben, daß deinesgleichen vor dir nicht gewesen ist und

nach dir nicht aufkommen wird.

13 Dazu, was du nicht gebeten hast, habe ich dir auch gegeben, sowohl Reichtum als Ehre, daß deinesgleichen keiner unter den Königen ist zu deinen Zeiten.

14 Und so du wirst in meinen Wegen wandeln, daß du hältst meine Sitten und Gebote, wie dein Vater David gewandelt hat, so will ich dir geben ein langes Leben.

15 Und da Salomo erwachte, siehe, da war es ein Traum. Und er kam gen Jerusalem und trat vor die Lade des Bundes des HERRN und opferte Brandopfer und Dankopfer und machte ein großes Mahl allen seinen Knechten.

16 Zu der Zeit kamen zwei Huren zum König und traten vor ihn.

17 Und das eine Weib sprach: Ach, mein Herr, ich und dies Weib wohnten in einem Hause, und ich gebar bei ihr im Hause.

18 Und über drei Tage, da ich geboren hatte, gebar sie auch. Und wir waren beieinander, daß kein Fremder mit uns war im Hause, nur wir beide.

19 Und dieses Weibes Sohn starb in der Nacht; denn sie hatte ihn im Schlaf erdrückt.

20 Und sie stand in der Nacht auf und nahm meinen Sohn von meiner Seite, da deine Magd schlief, und legte ihn an ihren Arm, und ihren toten Sohn legte sie an meinen Arm.

21 Und da ich des Morgens aufstand, meinen Sohn zu säugen, siehe, da war er tot. Aber am

Morgen sah ich ihn genau an, und siehe, es war nicht mein Sohn, den ich geboren hatte.

22 Das andere Weib sprach: Nicht also; mein Sohn lebt, und dein Sohn ist tot. Jene aber sprach: Nicht also; dein Sohn ist tot, und mein Sohn lebt. Und redeten also vor dem König.

23 Und der König sprach: Diese spricht: mein Sohn lebt, und dein Sohn ist tot; jene spricht: Nicht also; dein Sohn ist tot, und mein Sohn lebt.

24 Und der König sprach: Holet mir ein Schwert her! und da das Schwert vor den König gebracht ward,

25 sprach der König: Teilt das lebendige Kind in zwei Teile und gebt dieser die Hälfte und jener die Hälfte.

26 Da sprach das Weib, des Sohn lebte, zum König (denn ihr mütterliches Herz entbrannte über ihren Sohn): Ach, mein Herr, gebt ihr das Kind lebendig und tötet es nicht! Jene aber sprach: Es sei weder mein noch dein; laßt es teilen!

27 Da antwortete der König und sprach: Gebet dieser das Kind lebendig und tötet es nicht; die ist seine Mutter.

28 Und das Urteil, das der König gefällt hatte, erscholl vor dem ganzen Israel, und sie fürchteten sich vor dem König; denn sie sahen, daß die Weisheit Gottes in ihm war, Gericht zu halten.

4. Kapitel

Salomos Amtleute.

1 Also war Salomo König über ganz Israel.

2 Und dies waren seine Fürsten: Asarja, der Sohn Zadoks, des Priesters,

3 Elihoreph und Ahija, die Söhne Sisas, waren Schreiber. Josaphat, der Sohn Ahiluds, war Kanzler.

4 Benaja, der Sohn Jojadas, war Feldhauptmann. Zadok und Abjathar waren Priester.

5 Asarja, der Sohn Nathans, war über die Amtleute. Sabud, der Sohn Nathans, war Priester, des Königs Freund.

6 Ahisar war Hofmeister. Adoniram, der Sohn Abdas, war Rentmeister.

7 Und Salomo hatte zwölf Amtleute über ganz Israel, die den König und sein Haus versorgten. Ein jeder hatte des Jahres einen Monat lang zu versorgen;

8 und hießen also: Der Sohn Hurs auf dem Gebirge Ephraim;

9 der Sohn Dekers zu Makaz und zu Saalbim und zu Beth-Semes und zu Elon und Beth-Hanan;

10 der Sohn Heseds zu Arubboth, und hatte dazu Socho und das ganze Land Hepher;

11 der Sohn Abinadabs über die ganze Herrschaft zu Dor, und hatte Taphath, Salomos Tochter zum Weibe;

12 Baana, der Sohn Ahiluds, zu Thaanach und

zu Megiddo und über ganz Beth-Sean, welches liegt neben Zarthan unter Jesreel, von Beth-Sean bis an Abel-Mehola, bis jenseit Jokmeams;

13 der Sohn Gebers zu Ramoth in Gilead, und hatte die Flecken Jairs, des Sohnes Manasses, in Gilead und hatte die Gegend Argob, die in Basan liegt, sechzig große Städte, vermauert und mit ehernen Riegeln;

14 Ahinadab, der Sohn Iddos, zu Mahanaim;

15 Ahimaaz in Naphthali, und der nahm auch Salomos Tochter Basmath zum Weibe;

16 Baana, der Sohn Husais, in Asser und zu Aloth;

17 Josaphat, der Sohn Paruahs, in Isaschar;

18 Simei, der Sohn Elas, in Benjamin;

19 Geber, der Sohn Uris, im Lande Gilead, im Lande Sihons, des Königs der Amoriter und Ogs, des Königs von Basan (ein Amtmann war in demselben Lande).

20 Juda aber und Israel, deren war viel wie der Sand am Meer, und sie aßen und tranken und waren fröhlich.

21 Also war Salomo ein Herr über alle Königreiche, von dem Strom an bis zu der Philister Lande und bis an die Grenze Ägyptens, die ihm Geschenke zubrachten und ihm dienten sein Leben lang.

22 Und Salomo mußte täglich zur Speisung haben dreißig Kor Semmelmehl, sechzig Kor anderes Mehl,

23 zehn gemästete Rinder und zwanzig

Weiderinder und hundert Schafe, ausgenommen Hirsche und Rehe und Gemsen und gemästetes Federvieh.

24 Denn er herrschte im ganzen Lande diesseit des Stromes, von Tiphsah bis gen Gaza, über alle Könige diesseit des Stromes, und hatte Frieden von allen seinen Untertanen umher,

25 daß Juda und Israel sicher wohnten, ein jeglicher unter seinem Weinstock und unter seinem Feigenbaum, von Dan bis gen Beer-Seba, solange Salomo lebte.

26 Und Salomo hatte vierzigtausend Wagenpferde und zwölftausend Reisige.

27 Und die Amtleute versorgten den König Salomo und alles, was zum Tisch des Königs gehörte, ein jeglicher in seinem Monat, und ließen nichts fehlen.

28 Auch Gerste und Stroh für die Rosse und Renner brachten sie an den Ort, da er war, ein jeglicher nach seinem Befehl.

29 Und Gott gab Salomo sehr große Weisheit und Verstand und reichen Geist wie Sand, der am Ufer des Meeres liegt,

30 daß die Weisheit Salomos größer war denn aller, die gegen Morgen wohnen, und aller Ägypter Weisheit.

31 Und er war weiser denn alle Menschen, auch weiser denn Ethan, der Esrahiter, Heman, Chalkol und Darda, die Söhne Mahols, und war berühmt unter allen Heiden umher.

32 Und er redete dreitausend Sprüche, und

seine Lieder waren tausendundfünf.

33 Und er redete von Bäumen, von der Zeder an auf dem Libanon bis an Isop, der aus der Wand wächst. Auch redete er von Vieh, von Vögeln, von Gewürm und von Fischen.

34 Und es kamen aus allen Völkern, zu hören die Weisheit Salomos, von allen Königen auf Erden, die von seiner Weisheit gehört hatten.

5. Kapitel

Salomos Macht und Weisheit; sein Bund mit Hiram bei der Vorbereitung zum Tempelbau.

1 Und Hiram, der König zu Tyrus, sandte seine Knechte zu Salomo; denn er hatte gehört, daß sie ihn zum König gesalbt hatten an seines Vaters Statt. Denn Hiram liebte David sein Leben lang.

2 Und Salomo sandte zu Hiram und ließ ihm sagen:

3 Du weißt, daß mein Vater David nicht konnte bauen ein Haus dem Namen des HERRN, seines Gottes, um des Krieges willen, der um ihn her war, bis sie der HERR unter seiner Füße Sohlen gab.

4 Nun aber hat mir der HERR, mein Gott, Ruhe gegeben umher, daß kein Widersacher noch böses Hindernis mehr ist.

5 Siehe, so habe ich gedacht, ein Haus zu

bauen dem Namen des HERRN, meines Gottes, wie der HERR geredet hat zu meinem Vater David und gesagt: Dein Sohn, den ich an deine Statt setzen werde auf deinen Stuhl, der soll meinem Namen das Haus bauen.

6 So befiehl nun, daß man mir Zedern aus dem Libanon haue, und daß deine Knechte mit meinen Knechten seien. Und den Lohn deiner Knechte will ich dir geben, alles, wie du sagst. Denn du weißt, daß bei uns niemand ist, der Holz zu hauen wisse wie die Sidonier.

7 Da Hiram aber hörte die Worte Salomos, freute er sich hoch und sprach: Gelobt sei der HERR heute, der David einen weisen Sohn gegeben hat über dies große Volk.

8 Und Hiram sandte zu Salomo und ließ ihm sagen: Ich habe gehört, was du zu mir gesandt hast. Ich will tun nach allem deinem Begehr mit Zedern- und Tannenholz

9 Meine Knechte sollen die Stämme vom Libanon hinabbringen ans Meer, und will sie in Flöße legen lassen auf dem Meer bis an den Ort, den du mir wirst ansagen lassen, und will sie daselbst abbinden, und du sollst's holen lassen. Aber du sollst auch mein Begehr tun und Speise geben meinem Gesinde.

10 Also gab Hiram Salomo Zedern- und Tannenholz nach allem seinem Begehr.

11 Salomo aber gab Hiram zwanzigtausend Kor Weizen, zu essen für sein Gesinde, und zwanzig Kor gestoßenen Öls. Solches gab Salomo

jährlich dem Hiram.

12 Und der HERR gab Salomo Weisheit, wie er ihm geredet hatte. Und es war Friede zwischen Hiram und Salomo, und sie machten beide einen Bund miteinander.

13 Und Salomo hob Fronarbeiter aus von ganz Israel, und ihre Zahl war dreißigtausend Mann,

14 und sandte sie auf den Libanon, je einen Monat zehntausend, daß sie einen Monat auf dem Libanon waren und zwei Monate daheim. Und Adoniram war über solche Anzahl.

15 Und Salomo hatte siebzigtausend, die Last trugen, und achtzigtausend, die da Steine hieben auf dem Berge,

16 ohne die obersten Amtleute Salomos, die über das Werk gesetzt waren: dreitausenddreihundert, welche über das Volk herrschten, das da am Werk arbeitete.

17 und der König gebot, daß sie große und köstliche Steine ausbrächen, gehauene Steine zum Grund des Hauses.

18 Und die Bauleute Salomos und die Bauleute Hirams und die Gebaliter hieben aus und bereiteten zu Holz und Steine, zu bauen das Haus.

6. Kapitel

Bau des Tempels.

1 Im vierhundertachtzigsten Jahr nach dem

Ausgang der Kinder Israel aus Ägyptenland, im vierten Jahr des Königreichs Salomo über Israel, im Monat Siv, das ist der zweite Monat, ward das Haus des HERRN gebaut.

2 Das Haus aber, das der König Salomo dem HERRN baute, war sechzig Ellen lang, zwanzig Ellen breit und dreißig Ellen hoch.

3 Und er baute eine Halle vor dem Tempel, zwanzig Ellen lang nach der Breite des Hauses und zehn Ellen breit vor dem Hause her.

4 Und er machte an das Haus Fenster mit festen Stäben davor.

5 Und er baute einen Umgang an der Wand des Hauses ringsumher, daß er um den Tempel und um den Chor her ging, und machte Seitengemächer umher.

6 Der unterste Gang war fünf Ellen weit und der mittelste sechs Ellen weit und der dritte sieben Ellen weit; denn er machte Absätze außen am Hause umher, daß die Balken nicht in die Wände des Hauses eingriffen.

7 Und da das Haus gesetzt ward, waren die Steine zuvor ganz zugerichtet, daß man kein Hammer noch Beil noch irgend ein eisernes Werkzeug im Bauen hörte.

8 Eine Tür aber war zur rechten Seite mitten im Hause, daß man durch eine Wendeltreppe hinaufging auf den Mittelgang und vom Mittelgang auf den dritten.

9 Also baute er das Haus und vollendete es; und er deckte das Haus mit Balken und

Tafelwerk von Zedern.

10 Und er baute die Gänge um das ganze Haus herum, je fünf Ellen hoch, und verband sie mit dem Hause durch Balken von Zedernholz.

11 Und es geschah des HERRN Wort zu Salomo und sprach:

12 Also sei es mit dem Hause, das du baust: Wirst du in meinen Geboten wandeln und nach meinen Rechten tun und alle meine Gebote halten, darin zu wandeln, so will ich mein Wort mit dir bestätigen, wie ich deinem Vater David geredet habe,

13 und will wohnen unter den Kindern Israel und will mein Volk Israel nicht verlassen.

14 Und Salomo baute das Haus und vollendete es.

15 Er baute die Wände des Hauses inwendig mit Brettern von Zedern; von des Hauses Boden bis an die Decke täfelte er es mit Holz inwendig, und den Boden des Hauses täfelte er mit Tannenbrettern.

16 Und er baute von der hintern Seite des Hauses an zwanzig Ellen mit zedernen Brettern vom Boden bis an die Decke und baute also inwendig den Chor, das Allerheiligste.

17 Aber das Haus des Tempels (vor dem Chor) war vierzig Ellen lang.

18 Inwendig war das ganze Haus eitel Zedern mit gedrehten Knoten und Blumenwerk, daß man keinen Stein sah.

19 Aber den Chor bereitete er inwendig im

Haus, daß man die Lade des Bundes des HERRN dahin täte.

20 Und vor dem Chor, der zwanzig Ellen lang, zwanzig Ellen weit und zwanzig Ellen hoch war und überzogen mit lauterem Gold, täfelte er den Altar mit Zedern.

21 Und Salomo überzog das Haus inwendig mit lauterem Golde und zog goldene Riegel vor dem Chor her, den er mit Gold überzogen hatte,

22 also daß das ganze Haus ganz mit Gold überzogen war; dazu auch den ganzen Altar vor dem Chor überzog er mit Gold.

23 Er machte auch im Chor zwei Cherubim, zehn Ellen hoch, von Ölbaumholz.

24 Fünf Ellen hatte ein Flügel eines jeglichen Cherubs, daß zehn Ellen waren vom Ende seines einen Flügels zum Ende des andern Flügels.

25 Also hatte der andere Cherub auch zehn Ellen, und war einerlei Maß und einerlei Gestalt beider Cherubim;

26 auch war ein jeglicher Cherub zehn Ellen hoch.

27 Und er tat die Cherubim inwendig ins Haus. Und die Cherubim breiteten ihre Flügel aus, daß eines Flügel rührte an diese Wand und des andern Cherubs Flügel rührte an die andere Wand; aber mitten im Hause rührte ein Flügel an den andern.

28 Und er überzog die Cherubim mit Gold.

29 Und an allen Wänden des Hauses um und

um ließ er Schnitzwerk machen von ausgehöhlten Cherubim, Palmen und Blumenwerk inwendig und auswendig.

30 Auch überzog er den Boden des Hauses mit goldenen Blechen inwendig und auswendig.

31 Und am Eingang des Chors machte er zwei Türen von Ölbaumholz mit fünfeckigen Pfosten

32 und ließ Schnitzwerk darauf machen von Cherubim, Palmen und Blumenwerk und überzog sie mit goldenen Blechen.

33 Also machte er auch im Eingang des Tempels viereckige Pfosten von Ölbaumholz

34 und zwei Türen von Tannenholz, daß eine jegliche Tür zwei Blatt hatte aneinander hangen in ihren Angeln,

35 und machte Schnitzwerk darauf von Cherubim, Palmen und Blumenwerk und überzog es mit Gold, genau wie es eingegraben war.

36 Und er baute auch den inneren Hof von drei Reihen behauener Steine und von einer Reihe zederner Balken.

37 Im vierten Jahr, im Monat Siv, ward der Grund gelegt am Hause des HERRN,

38 und im elften Jahr, im Monat Bul (das ist der achte Monat), ward das Haus bereitet, wie es sein sollte, daß sie sieben Jahre daran bauten.

Das 1. Buch der Könige

7. Kapitel

Bau der königlichen Paläste; die beiden Säulen und die Geräte des Tempels.

1 Aber an seinem Hause baute Salomo dreizehn Jahre, daß er's ganz ausbaute.

2 Nämlich er baute das Haus vom Wald Libanon, hundert Ellen lang, fünfzig Ellen weit und dreißig Ellen hoch. Auf vier Reihen von zedernen Säulen legte er den Boden von zedernen Balken,

3 und deckte mit Zedern die Gemächer auf den Säulen, und der Gemächer waren fünfundvierzig, je fünfzehn in einer Reihe.

4 Und Gebälk lag in drei Reihen, und waren Fenster einander gegenüber dreimal.

5 Und alle Türen waren in ihren Pfosten viereckig, und die Fenster waren einander gegenüber dreimal.

6 Er baute auch eine Halle von Säulen, fünfzig Ellen lang und dreißig Ellen breit, und noch eine Halle vor diese mit Säulen und einem Aufgang davor,

7 Und baute eine Halle zum Richtstuhl, darin man Gericht hielt, und täfelte sie vom Boden bis zur Decke mit Zedern.

8 Dazu sein Haus, darin er wohnte, im Hinterhof, hinten an der Halle, gemacht wie die andern. Und machte auch ein Haus wie die Halle der Tochter Pharaos, die Salomo zum Weibe

genommen hatte.

9 Solches alles waren köstliche Steine, nach dem Winkeleisen gehauen, mit Sägen geschnitten auf allen Seiten, vom Grund an bis an das Dach und von außen bis zum großen Hof.

10 Die Grundfeste aber waren auch köstliche und große Steine, zehn und acht Ellen groß,

11 und darauf köstliche Steine, nach dem Winkeleisen gehauen, und Zedern.

12 Aber der große Hof umher hatte drei Reihen behauene Steine und eine Reihe von zedernen Balken wie auch der innere Hof am Hause des HERRN und die Halle am Hause.

13 Und der König Salomo sandte hin und ließ holen Hiram von Tyrus,

14 einer Witwe Sohn aus dem Stamm Naphthali, und sein Vater war ein Mann von Tyrus gewesen; der war ein Meister im Erz, voll Weisheit, Verstand und Kunst, zu arbeiten allerlei Erzwerk. Da er zum König Salomo kam, machte er alle seine Werke.

15 Und machte zwei eherne Säulen, eine jegliche achtzehn Ellen hoch, und ein Faden von zwölf Ellen war das Maß um jegliche Säule her.

16 Und machte zwei Knäufe, von Erz gegossen, oben auf die Säulen zu setzen und ein jeglicher Knauf war fünf Ellen hoch.

17 Und es war an jeglichem Knauf oben auf den Säulen Gitterwerk, sieben geflochtenen Reife wie Ketten.

18 Und machte an jeglichem Knauf zwei Reihen

Granatäpfel umher an dem Gitterwerk, womit der Knauf bedeckt ward.

19 Und die Knäufe waren wie die Lilien, vor der Halle, vier Ellen groß.

20 Und der Granatäpfel in den Reihen umher waren zweihundert, oben und unten an dem Gitterwerk, das um den Bauch des Knaufs her ging, an jeglichem Knauf auf beiden Säulen.

21 Und er richtete die Säulen auf vor der Halle des Tempels. Und die er zur rechten Hand setzte, hieß er Jachin, und die er zur linken Hand setzte, hieß er Boas.

22 Und es stand also oben auf den Säulen wie Lilien. Also ward vollendet das Werk der Säulen.

23 Und er machte ein Meer, gegossen von einem Rand zum andern zehn Ellen weit, rundumher, und fünf Ellen hoch, und eine Schnur dreißig Ellen lang war das Maß ringsum.

24 Und um das Meer gingen Knoten an seinem Rande rings ums Meer her, je zehn auf eine Elle; der Knoten aber waren zwei Reihen gegossen.

25 Und es stand auf zwölf Rindern, deren drei gegen Mitternacht gewandt waren, drei gegen Abend, drei gegen Mittag und drei gegen Morgen, und das Meer obendrauf, daß alle ihre Hinterteile inwendig waren.

26 Seine Dicke aber ward eine Hand breit, und sein Rand war wie eines Bechers Rand, wie eine aufgegangene Lilie, und gingen darein zweitausend Bath.

27 Er machte auch zehn eherne Gestühle, ein

jegliches vier Ellen lang und breit und drei Ellen hoch.

28 Es war aber das Gestühl also gemacht, daß es Seiten hatte zwischen den Leisten.

29 Und an den Seiten zwischen den Leisten waren Löwen, Ochsen und Cherubim. Und die Seiten, daran die Löwen und Ochsen waren, hatten Leisten oben und unten, dazu herabhängende Kränze.

30 Und ein jegliches Gestühl hatte vier eherne Räder mit ehernem Gestell. Und auf vier Ecken waren Achseln gegossen, eine jegliche der andern gegenüber, unten an den Kessel gelehnt.

31 Aber der Hals mitten auf dem Gestühl war eine Elle hoch und rund, anderthalb Ellen weit, und waren Buckeln an dem Hals, in Feldern, die viereckig waren und nicht rund.

32 Die vier Räder aber standen unten an den Seiten, und die Achsen der Räder waren am Gestühl. Ein jegliches Rad war anderthalb Ellen hoch.

33 Und es waren Räder wie Wagenräder. Und ihre Achsen, Naben, Speichen und Felgen waren alle gegossen.

34 Und die vier Achseln auf den vier Ecken eines jeglichen Gestühls waren auch am Gestühl.

35 Und am Hals oben auf dem Gestühl, eine halbe Elle hoch, rundumher, waren Leisten und Seiten am Gestühl.

36 Und er ließ auf die Fläche der Seiten und

Leisten graben Cherubim, Löwen und Palmenbäume, nach dem auf jeglichem Raum war, und Kränze ringsumher daran.

37 Auf diese Weise machte er zehn Gestühle, gegossen; einerlei Maß und Gestalt war an allen.

38 Und er machte zehn eherne Kessel, daß vierzig Bath in einen Kessel ging, und jeder war vier Ellen groß; und auf jeglichem Gestühl war ein Kessel.

39 Und setzte fünf Gestühle an die rechte Ecke des Hauses und die andern fünf an die linke Ecke; aber das Meer setzte er zur Rechten vornan gegen Mittag.

40 Und Hiram machte auch Töpfe, Schaufeln, Becken und vollendete also alle Werke, die der König Salomo am Hause des HERRN machen ließ:

41 die zwei Säulen und die kugeligen Knäufe oben auf den zwei Säulen; die zwei Gitterwerke, zu bedecken die zwei kugeligen Knäufe auf den Säulen;

42 und die vierhundert Granatäpfel an den zwei Gitterwerken, je zwei Reihen Granatäpfel an einem Gitterwerk, zu bedecken die zwei kugeligen Knäufe auf den Säulen;

43 dazu die zehn Gestühle und zehn Kessel obendrauf;

44 und das Meer und zwölf Rinder unter dem Meer;

45 und die Töpfe, Schaufeln und Becken. Und alle diese Gefäße, die Hiram dem König Salomo

machte zum Hause des HERRN, waren von geglättetem Erz.

46 In der Gegend am Jordan ließ sie der König gießen in dicker Erde, zwischen Sukkoth und Zarthan.

47 Und Salomo ließ alle Gefäße ungewogen vor der sehr großen Menge des Erzes.

48 Auch machte Salomo alles Gerät, das zum Hause des HERRN gehörte: einen goldenen Altar, einen goldenen Tisch, darauf die Schaubrote liegen;

49 fünf Leuchter zur rechten Hand und fünf Leuchter zur Linken vor dem Chor, von lauterem Gold, mit goldenen Blumen, Lampen und Schneuzen;

50 dazu Schalen, Messer, Becken, Löffel und Pfannen von lauterem Gold. Auch waren die Angeln an der Tür am Hause inwendig, im Allerheiligsten, und an der Tür des Hauses des Tempels golden.

51 Also ward vollendet alles Werk, das der König Salomo machte am Hause des HERRN. Und Salomo brachte hinein, was sein Vater David geheiligt hatte von Silber und Gold und Gefäßen, und legte es in den Schatz des Hauses des HERRN.

8. Kapitel

Einweihung des Tempels und Gebet Salomos.

1 Da versammelt der König Salomo zu sich die Ältesten in Israel, alle Obersten der Stämme und Fürsten der Vaterhäuser unter den Kindern Israel gen Jerusalem, die Lade des Bundes des HERRN heraufzubringen aus der Stadt Davids, das ist Zion.

2 Und es versammelten sich zum König Salomo alle Männer in Israel im Monat Ethanim, am Fest, das ist der siebente Monat.

3 Und da alle Ältesten Israels kamen, hoben die Priester die Lade des HERRN auf

4 und brachten sie hinauf, dazu die Hütte des Stifts und alle Geräte des Heiligtums, das in der Hütte war. Das taten die Priester und die Leviten.

5 Und der König Salomo und die ganze Gemeinde Israel, die sich zu ihm versammelt hatte, gingen mit ihm vor der Lade her und opferten Schafe und Rinder, so viel, daß man's nicht zählen noch rechnen konnte.

6 Also brachten die Priester die Lade des Bundes des HERRN an ihren Ort, in den Chor des Hauses, in das Allerheiligste, unter die Flügel der Cherubim.

7 Denn die Cherubim breiteten die Flügel aus an dem Ort, da die Lade stand, und bedeckten die Lade und ihre Stangen von obenher.

8 Und die Stangen waren so lang, daß ihre

Knäufe gesehen wurden in dem Heiligtum vor dem Chor, aber außen wurden sie nicht gesehen, und waren daselbst bis auf diesen Tag.

9 Und war nichts in der Lade denn nur die zwei steinernen Tafeln Mose's, die er hineingelegt hatte am Horeb, da der HERR mit den Kindern Israel einen Bund machte, da sie aus Ägyptenland gezogen waren.

10 Da aber die Priester aus dem Heiligtum gingen, erfüllte die Wolke das Haus des HERRN,

11 daß die Priester nicht konnten stehen und des Amts pflegen vor der Wolke; denn die Herrlichkeit des HERRN erfüllte das Haus des HERRN.

12 Da sprach Salomo: Der HERR hat geredet, er wolle im Dunkel wohnen.

13 So habe ich nun ein Haus gebaut dir zur Wohnung, einen Sitz, daß du ewiglich da wohnest.

14 Und der König wandte sein Angesicht und segnete die ganze Gemeinde Israel; und die ganze Gemeinde Israel stand.

15 Und er sprach: Gelobet sei der HERR, der Gott Israels, der durch seinen Mund meinem Vater David geredet und durch seine Hand erfüllt hat und gesagt:

16 Von dem Tage an, da ich mein Volk Israel aus Ägypten führte, habe ich keine Stadt erwählt unter irgend einem Stamm Israels, daß mir ein Haus gebaut würde, daß mein Name da wäre; David aber habe ich erwählt, daß er über mein

Volk Israel sein sollte.

17 Und mein Vater David hatte es zuvor im Sinn, daß er ein Haus baute dem Namen des HERRN, des Gottes Israels;

18 aber der HERR sprach zu meinem Vater David: Daß du im Sinn hast, meinem Namen ein Haus zu bauen, hast du wohl getan, daß du dir solches vornahmst.

19 Doch du sollst das Haus nicht bauen; sondern dein Sohn, der aus deinen Lenden kommen wird, der soll meinem Namen ein Haus bauen.

20 Und der HERR hat sein Wort bestätigt, das er geredet hat; denn ich bin aufgekommen an meines Vaters Davids Statt und sitze auf dem Stuhl Israels, wie der HERR geredet hat, und habe gebaut ein Haus dem Namen des HERRN des Gottes Israels,

21 und habe daselbst eine Stätte zugerichtet der Lade, darin der Bund des HERRN ist, den er gemacht hat mit unsern Vätern, da er sie aus Ägyptenland führte.

22 Und Salomo trat vor den Altar des HERRN gegenüber der ganzen Gemeinde Israel und breitete seine Hände aus gen Himmel

23 und sprach: HERR, Gott Israels, es ist kein Gott, weder droben im Himmel noch unten auf der Erden, dir gleich, der du hältst den Bund und die Barmherzigkeit deinen Knechten, die vor dir wandeln von ganzem Herzen;

24 der du hast gehalten deinem Knecht,

meinem Vater David, was du ihm geredet hast. Mit deinem Mund hast du es geredet, und mit deiner Hand hast du es erfüllt, wie es steht an diesem Tage.

25 Nun, HERR, Gott Israels, halte deinem Knecht, meinem Vater David, was du ihm verheißen hast und gesagt: Es soll dir nicht gebrechen an einem Mann vor mir, der da sitze auf dem Stuhl Israels, so doch, daß deine Kinder ihren Weg bewahren, daß sie vor mir wandeln, wie du vor mir gewandelt hast.

26 Nun, Gott Israels, laß deine Worte wahr werden, die du deinem Knecht, meinem Vater David, geredet hast.

27 Denn sollte in Wahrheit Gott auf Erden wohnen? Siehe, der Himmel und aller Himmel Himmel können dich nicht fassen; wie sollte es denn dies Haus tun, das ich gebaut habe?

28 Wende dich aber zum Gebet deines Knechtes und zu seinem Flehen, HERR, mein Gott, auf daß du hörest das Lob und Gebet, das dein Knecht heute vor dir tut;

29 daß deine Augen offen stehen über dies Haus Nacht und Tag, über die Stätte, davon du gesagt hast: Mein Name soll da sein. Du wollest hören das Gebet, das dein Knecht an dieser Stätte tut,

30 und wollest erhören das Flehen deines Knechtes und deines Volkes Israel, das sie hier tun werden an dieser Stätte; und wenn du es hörst in deiner Wohnung, im Himmel, wollest du

gnädig sein.

31 Wenn jemand wider seinen Nächsten sündigt und es wird ihm ein Eid aufgelegt, den er schwören soll, und der Eid kommt vor deinen Altar in diesem Hause:

32 so wollest du hören im Himmel und recht schaffen deinen Knechten, den Gottlosen zu verdammen und seinen Wandel auf seinen Kopf zu bringen und den Gerechten gerecht zu sprechen, ihm zu geben nach seiner Gerechtigkeit.

33 Wenn dein Volk Israel vor seinen Feinden geschlagen wird, weil sie an dir gesündigt haben, und sie bekehren sich zu dir und bekennen deinen Namen und beten und flehen zu dir in diesem Hause:

34 so wollest du hören im Himmel und der Sünde deines Volkes Israel gnädig sein und sie wiederbringen in das Land, das du ihren Vätern gegeben hast.

35 Wenn der Himmel verschlossen wird, daß es nicht regnet, weil sie an dir gesündigt haben, und sie werden beten an diesem Ort und deinen Namen bekennen und sich von ihren Sünden bekehren, weil du sie drängest;

36 so wollest du hören im Himmel und gnädig sein der Sünde deiner Knechte und deines Volkes Israel, daß du ihnen den guten Weg weisest, darin sie wandeln sollen, und lassest regnen auf das Land, das du deinem Volk zum Erbe gegeben hast.

37 Wenn eine Teuerung oder Pestilenz oder Dürre oder Brand oder Heuschrecken oder Raupen im Lande sein werden, oder sein Feind im Lande seine Tore belagert, oder irgend eine Plage oder Krankheit da ist;

38 wer dann bittet und fleht, es seien sonst Menschen oder dein ganzes Volk Israel, die da gewahr werden ihrer Plage ein jeglicher in seinem Herzen, und breitet seine Hände aus zu diesem Hause:

39 so wollest du hören im Himmel, in dem Sitz, da du wohnst, und gnädig sein und schaffen, daß du gebest einem jeglichen, wie er gewandelt hat, wie du sein Herz erkennst, denn du allein kennst das Herz aller Kinder der Menschen,

40 auf daß sie dich fürchten allezeit, solange sie in dem Lande leben, das du unsern Vätern gegeben hast.

41 Wenn auch ein Fremder, der nicht von deinem Volk Israel ist, kommt aus fernem Lande um deines Namens willen

42 (denn sie werden hören von deinem großen Namen und von deiner mächtigen Hand und von deinem ausgereckten Arm), und kommt, daß er bete vor diesem Hause:

43 so wollest du hören im Himmel, im Sitz deiner Wohnung, und tun alles, darum der Fremde dich anruft, auf daß alle Völker auf Erden deinen Namen erkennen, daß sie auch dich fürchten wie dein Volk Israel und daß sie

innewerden, wie dies Haus nach deinem Namen genannt sei, das ich gebaut habe.

44 Wenn dein Volk auszieht in den Streit wider seine Feinde des Weges, den du sie senden wirst, und sie werden beten zum HERRN nach der Stadt hin, die du erwählt hast, und nach dem Hause, das ich deinem Namen gebaut habe:

45 so wollest du ihr Gebet und Flehen hören im Himmel und Recht schaffen.

46 Wenn sie an dir sündigen werden (denn es ist kein Mensch, der nicht sündigt), und du erzürnst und gibst sie dahin vor ihren Feinden, daß sie sie gefangen führen in der Feinde Land, fern oder nahe,

47 und sie in ihr Herz schlagen in dem Lande, da sie gefangen sind, und bekehren sich und flehen zu dir im Lande ihres Gefängnisses und sprechen: Wir haben gesündigt und übel getan und sind gottlos gewesen,

48 und bekehren sich also zu dir von ganzem Herzen und von ganzer Seele in ihrer Feinde Land, die sie weggeführt haben, und beten zu dir nach ihrem Lande hin, das du ihren Vätern gegeben hast, nach der Stadt hin, die du erwählt hast, und nach dem Hause, das ich deinem Namen gebaut habe:

49 so wollest du ihr Gebet und Flehen hören im Himmel, vom Sitz deiner Wohnung, und Recht schaffen

50 und deinem Volk gnädig sein, das an dir gesündigt hat, und allen ihren Übertretungen,

damit sie wider dich übertreten haben, und Barmherzigkeit geben vor denen, die sie gefangen halten, daß sie sich ihrer erbarmen;

51 denn sie sind dein Volk und dein Erbe, die du aus Ägypten, aus dem eisernen Ofen, geführt hast.

52 Laß deine Augen offen sein auf das Flehen deines Knechtes und deines Volkes Israel, daß du sie hörest in allem, darum sie dich anrufen;

53 denn du hast sie dir abgesondert zum Erbe aus allen Völkern auf Erden, wie du geredet hast durch Mose, deinen Knecht, da du unsre Väter aus Ägypten führtest, HERR HERR!

54 Und da Salomo all dieses Gebet und Flehen hatte vor dem HERRN ausgebetet, stand er auf von dem Altar des HERRN und ließ ab vom Knieen und Hände-Ausbreiten gen Himmel

55 und trat dahin und segnete die ganze Gemeinde Israel mit lauter Stimme und sprach:

56 Gelobet sei der HERR, der seinem Volk Israel Ruhe gegeben hat, wie er geredet hat. Es ist nicht eins dahingefallen aus allen seinen guten Worten, die er geredet hat durch seinen Knecht Mose.

57 Der Herr, unser Gott, sei mit uns, wie er gewesen ist mit unsern Vätern. Er verlasse uns nicht und ziehe die Hand nicht ab von uns,

58 zu neigen unser Herz zu ihm, daß wir wandeln in allen seinen Wegen und halten seine Gebote, Sitten und Rechte, die er unsern Vätern geboten hat.

59 Und diese Worte, die ich vor dem HERR gefleht habe, müssen nahekommen dem HERRN, unserm Gott, Tag und Nacht, daß er Recht schaffe seinem Knecht und seinem Volk Israel, ein jegliches zu seiner Zeit,

60 auf daß alle Völker auf Erden erkennen, daß der HERR Gott ist und keiner mehr.

61 Und euer Herz sei rechtschaffen mit dem HERRN, unserm Gott, zu wandeln in seinen Sitten und zu halten seine Gebote, wie es heute geht.

62 Und der König samt dem ganzen Israel opferten vor dem HERRN Opfer.

63 Und Salomo opferte Dankopfer, die er dem HERR opferte, zweiundzwanzigtausend Ochsen und hundertzwanzigtausend Schafe. Also weihten sie das Haus des HERRN ein, der König und alle Kinder Israel.

64 Desselben Tages weihte der König die Mitte des Hofes, der vor dem Hause des HERRN war, damit, daß er Brandopfer, Speisopfer und das Fett der Dankopfer daselbst ausrichtete. Denn der eherne Altar, der vor dem HERRN stand, war zu klein zu dem Brandopfer, Speisopfer und zum Fett der Dankopfer.

65 Und Salomo machte zu der Zeit ein Fest und alles Israel mit ihm, eine große Versammlung, von der Grenze Hamaths an bis an den Bach Ägyptens, vor dem HERRN, unserm Gott, sieben Tage und abermals sieben Tage, das waren vierzehn Tage.

66 Und er ließ das Volk des achten Tages

gehen. Und sie segneten den König und gingen hin zu ihren Hütten fröhlich und guten Muts über all dem Guten, das der HERR an David, seinem Knecht und an seinem Volk Israel getan hatte.

9. Kapitel

Gott redet mit Salomo. Feste Städte. Schifffahrt.

1 Und da Salomo hatte ausgebaut des HERRN Haus und des Königs Haus und alles, was er begehrte und Lust hatte zu machen,

2 erschien ihm der HERR zum andernmal, wie er ihm erschienen war zu Gibeon.

3 Und der HERR sprach zu ihm: Ich habe dein Gebet und Flehen gehört, das du vor mir gefleht hast, und habe dies Haus geheiligt, das du gebaut hast, daß ich meinen Namen dahin setze ewiglich; und meine Augen und mein Herz sollen da sein allewege.

4 Und du, so du vor mir wandelst, wie dein Vater David gewandelt hat, mit rechtschaffenem Herzen und aufrichtig, daß du tust alles, was ich dir geboten habe, und meine Gebote und Rechte hältst:

5 so will ich bestätigen den Stuhl deines Königreiches über Israel ewiglich, wie ich deinem Vater David geredet habe und gesagt: Es soll dir nicht gebrechen an einem Mann auf dem Stuhl Israels.

6 Werdet ihr aber euch von mir abwenden, ihr und eure Kinder, und nicht halten meine Gebote und Rechte, die ich euch vorgelegt habe, und hingehen und andern Göttern dienen und sie anbeten:

7 so werde ich Israel ausrotten von dem Lande, das ich ihnen gegeben habe; und das Haus, das ich geheiligt habe meinem Namen, will ich verwerfen von meinem Angesicht; und Israel wird ein Sprichwort und eine Fabel sein unter allen Völkern.

8 Und das Haus wird eingerissen werden, daß alle, die vorübergehen, werden sich entsetzen und zischen und sagen: Warum hat der HERR diesem Lande und diesem Hause also getan?

9 so wird man antworten: Darum, daß sie den HERRN, ihren Gott, verlassen haben, der ihre Väter aus Ägyptenland führte, und haben angenommen andere Götter und sie angebetet und ihnen gedient, darum hat der HERR all dies Übel über sie gebracht.

10 Da nun die zwanzig Jahre um waren, in welchen Salomo die zwei Häuser baute, des HERRN Haus und des Königs Haus,

11 dazu Hiram, der König zu Tyrus, Salomo Zedernbäume und Tannenbäume und Gold nach allem seinem Begehr brachte: Da gab der König Salomo Hiram zwanzig Städte im Land Galiläa.

12 Und Hiram zog aus von Tyrus, die Städte zu besehen, die ihm Salomo gegeben hatte; und sie

gefielen ihm nicht,

13 und er sprach: Was sind das für Städte, mein Bruder, die du mir gegeben hast? Und hieß das Land Kabul bis auf diesen Tag.

14 Und Hiram hatte gesandt dem König Salomo hundertzwanzig Zentner Gold.

15 Und also verhielt sich's mit den Fronleuten, die der König Salomo aushob, zu bauen des HERRN Haus und sein Haus und Millo und die Mauer Jerusalems und Hazor und Megiddo und Geser.

16 Denn Pharao, der König in Ägypten, war heraufgekommen und hatte Geser gewonnen und mit Feuer verbrannt und die Kanaaniter erwürgt, die in der Stadt wohnten, und hatte sie seiner Tochter, Salomos Weib, zum Geschenk gegeben.

17 Also baute Salomo Geser und das niedere Beth-Horon

18 und Baalath und Thamar in der Wüste im Lande

19 und alle Städte der Kornhäuser, die Salomo hatte, und alle Städte der Wagen und die Städte der Reiter, und wozu er Lust hatte zu bauen in Jerusalem, im Libanon und im ganzen Lande seiner Herrschaft.

20 Und alles übrige Volk von den Amoritern, Hethitern, Pheresitern, Hevitern und Jebusitern, die nicht von den Kindern Israel waren,

21 derselben Kinder, die sie hinter sich übrigbleiben ließen im Lande, die die Kinder

Israel nicht konnten verbannen: die machte Salomo zu Fronleuten bis auf diesen Tag.

22 Aber von den Kindern Israel machte er nicht Knechte, sondern ließ sie Kriegsleute und seine Knechte und Fürsten und Ritter und über seine Wagen und Reiter sein.

23 Und die obersten Amtleute, die über Salomos Geschäfte waren, deren waren fünfhundertfünfzig, die über das Volk herrschten, das die Geschäfte ausrichtete.

24 Und die Tochter Pharaos zog herauf von der Stadt Davids in ihr Haus, das er für sie gebaut hatte. Da baute er auch Millo.

25 Und Salomo opferte des Jahres dreimal Brandopfer und Dankopfer auf dem Altar, den er dem HERRN gebaut hatte, und räucherte auf ihm vor dem HERRN. Und ward also das Haus fertig.

26 Und Salomo machte auch Schiffe zu Ezeon-Geber, das bei Eloth liegt am Ufer des Schilfmeers im Lande der Edomiter.

27 Und Hiram sandte seine Knechte im Schiff, die gute Schiffsleute und auf dem Meer erfahren waren, mit den Knechten Salomos;

28 und sie kamen gen Ophir und holten daselbst vierhundertzwanzig Zentner Gold und brachten's dem König Salomo.

10. Kapitel

Besuch der Königin von Reicharabien.
Salomos Reichtum und Herrlichkeit.

1 Und da das Gerücht von Salomo und von dem Namen des HERRN kam vor die Königin von Reicharabien, kam sie, Salomo zu versuchen mit Rätseln.

2 Und sie kam gen Jerusalem mit sehr vielem Volk, mit Kamelen, die Spezerei trugen und viel Gold und Edelsteine. Und da sie zum König Salomo hineinkam, redete sie ihm alles, was sie sich vorgenommen hatte.

3 Und Salomo sagte es ihr alles, und war dem König nichts verborgen, das er ihr nicht sagte.

4 Da aber die Königin von Reicharabien sah alle Weisheit Salomos und das Haus, das er gebaut hatte,

5 und die Speise für seinen Tisch und seiner Knechte Wohnung und seiner Diener Amt und ihre Kleider und seine Schenken und seine Brandopfer, die er im Hause des HERRN opferte, konnte sie sich nicht mehr enthalten

6 und sprach zum König: Es ist wahr, was ich in meinem Lande gehört habe von deinem Wesen und von deiner Weisheit.

7 Und ich habe es nicht wollen glauben, bis ich gekommen bin und habe es mit meinen Augen gesehen. Und siehe, es ist mir nicht die Hälfte gesagt. Du hast mehr Weisheit und Gut, denn

das Gerücht ist, das ich gehört habe.

8 Selig sind die Leute und deine Knechte, die allezeit vor dir stehen und deine Weisheit hören.

9 Gelobt sei der HERR, dein Gott, der zu dir Lust hat, daß er dich auf den Stuhl Israels gesetzt hat; darum daß der HERR Israel liebhat ewiglich, hat er dich zum König gesetzt, daß du Gericht und Recht haltest.

10 Und sie gab dem König hundertzwanzig Zentner Gold und sehr viel Spezerei und Edelgestein. Es kam nicht mehr so viel Spezerei, als die Königin von Reicharabien dem König Salomo gab.

11 Dazu die Schiffe Hirams, die Gold aus Ophir führten, brachten sehr viel Sandelholz und Edelgestein.

12 Und der König ließ machen von Sandelholz Pfeiler im Hause des HERRN und im Hause des Königs und Harfen und Psalter für die Sänger. Es kam nicht mehr solch Sandelholz, ward auch nicht mehr gesehen bis auf diesen Tag.

13 Und der König Salomo gab der Königin von Reicharabien alles, was sie begehrte und bat, außer was er ihr von selbst gab. Und sie wandte sich und zog in ihr Land samt ihren Knechten.

14 Des Goldes aber, das Salomo in einem Jahr bekam, war am Gewicht sechshundertsechsundsechzig Zentner,

15 außer was von den Krämern und dem Handel der Kaufleute und von allen Königen Arabiens und von den Landpflegern kam.

16 Und der König Salomo ließ machen zweihundert Schilde vom besten Gold, sechshundert Lot tat er zu einem Schild,

17 und dreihundert Tartschen vom besten Gold, je drei Pfund Gold zu einer Tartsche. Und der König tat sie in das Haus am Wald Libanon.

18 Und der König machte einen großen Stuhl von Elfenbein und überzog ihn mit dem edelsten Golde.

19 Und der Stuhl hatte sechs Stufen, und das Haupt hinten am Stuhl war rund, und waren Lehnen auf beiden Seiten um den Sitz, und zwei Löwen standen an den Lehnen.

20 Und zwölf Löwen standen auf den sechs Stufen auf beiden Seiten. Solches ist nie gemacht in allen Königreichen.

21 Alle Trinkgefäße des Königs Salomo waren golden, und alle Gefäße im Hause vom Wald Libanon waren auch lauter Gold; denn das Silber achtete man zu den Zeiten Salomos für nichts.

22 Denn die Meerschiffe des Königs, die auf dem Meer mit den Schiffen Hirams fuhren, kamen in drei Jahren einmal und brachten Gold, Silber, Elfenbein, Affen und Pfauen.

23 Also ward der König Salomo größer an Reichtum und Weisheit denn alle Könige auf Erden.

24 Und alle Welt begehrte Salomo zu sehen, daß sie die Weisheit hörten, die ihm Gott in sein Herz gegeben hatte.

25 Und jedermann brachte ihm Geschenke,

silberne und goldene Geräte, Kleider und Waffen, Würze, Rosse, Maultiere - jährlich.

26 Und Salomo brachte zuhauf Wagen und Reiter, daß er hatte tausend und vierhundert Wagen und zwölftausend Reiter, und legte sie in die Wagenstädte und zum König nach Jerusalem.

27 Und der König machte, daß des Silbers zu Jerusalem so viel war wie die Steine, und Zedernholz so viel wie die wilden Feigenbäume in den Gründen

28 Und man brachte dem Salomo Pferde aus Ägypten und allerlei Ware; und die Kaufleute des Königs kauften diese Ware

29 und brachten's aus Ägypten heraus, je einen Wagen um sechshundert Silberlinge und ein Pferd um hundertfünfzig. Also brachte man sie auch allen Königen der Hethiter und den Königen von Syrien durch ihre Hand.

11. Kapitel

Salomos Weiber. Abgötterei. Feinde und Tod.

1 Aber der König Salomo liebte viel ausländische Weiber: Die Tochter Pharaos und moabitische, ammonitische, edomitische, sidonische und hethitische,

2 von solchen Völkern, davon der HERR gesagt hatte den Kindern Israel: Gehet nicht zu ihnen

und laßt sie nicht zu euch kommen; sie werden gewiß eure Herzen neigen ihren Göttern nach. An diesen hing Salomo mit Liebe.

3 Und er hatte siebenhundert Weiber zu Frauen und dreihundert Kebsweiber; und seine Weiber neigten sein Herz.

4 Und da er nun alt war, neigten seine Weiber sein Herz den fremden Göttern nach, daß sein Herz nicht ganz war mit dem HERRN, seinem Gott, wie das Herz seines Vaters David.

5 Also wandelte Salomo Asthoreth, der Göttin derer von Sidon, nach und Milkom, dem Gräuel der Ammoniter.

6 Und Salomo tat, was dem HERRN übel gefiel, und folgte nicht gänzlich dem HERRN wie sein Vater David.

7 Da baute Salomo eine Höhe Kamos, dem Gräuel der Moabiter, auf dem Berge, der vor Jerusalem liegt, und Moloch, dem Gräuel der Ammoniter.

8 Also tat Salomo allen seinen Weibern, die ihren Göttern räucherten und opferten.

9 Der HERR aber ward zornig über Salomo, daß sein Herz von dem HERRN, dem Gott Israels, abgewandt war, der ihm zweimal erschienen war

10 und ihm solches geboten hatte, daß er nicht andern Göttern nachwandelte, und daß er doch nicht gehalten hatte, was ihm der HERR geboten hatte.

11 Darum sprach der HERR zu Salomo: Weil

solches bei dir geschehen ist, und hast meinen Bund und meine Gebote nicht gehalten, die ich dir geboten habe, so will ich auch das Königreich von dir reißen und deinem Knecht geben.

12 Doch bei deiner Zeit will ich's nicht tun um deines Vaters David willen; sondern von der Hand deines Sohnes will ich's reißen.

13 Doch ich will nicht das ganze Reich abreißen; einen Stamm will ich deinem Sohn geben um Davids willen, meines Knechtes, und um Jerusalems willen, das ich erwählt habe.

14 Und der HERR erweckte Salomo einen Widersacher, Hadad, den Edomiter, vom königlichen Geschlecht in Edom.

15 Denn da David in Edom war und Joab, der Feldhauptmann, hinaufzog, die Erschlagenen zu begraben, schlug er was ein Mannsbild war in Edom.

16 (Denn Joab blieb sechs Monate daselbst und das ganze Israel, bis er ausrottete alles, was ein Mannsbild war in Edom.)

17 Da floh Hadad und mit ihm etliche Männer der Edomiter von seines Vaters Knechten, daß sie nach Ägypten kämen; Hadad aber war ein junger Knabe.

18 Und sie machten sich auf von Midian und kamen gen Pharan und nahmen Leute mit sich aus Pharan und kamen nach Ägypten zu Pharao, dem König in Ägypten; der gab ihm ein Haus und Nahrung und wies ihm ein Land an.

19 Und Hadad fand große Gnade vor dem Pharao, daß er ihm auch seines Weibes Thachpenes, der Königin, Schwester zum Weibe gab.

20 Und die Schwester der Thachpenes gebar ihm Genubath, seinen Sohn; und Thachpenes zog ihn auf im Hause Pharaos, daß Genubath war im Hause Pharaos unter den Kindern Pharaos.

21 Da nun Hadad hörte in Ägypten, daß David entschlafen war mit seinen Vätern und daß Joab, der Feldhauptmann, tot war, sprach er zu Pharao: Laß mich in mein Land ziehen!

22 Pharao sprach zu ihm: Was fehlt dir bei mir, daß du willst in dein Land ziehen? Er sprach: Nichts; aber laß mich ziehen!

23 Auch erweckte Gott ihm einen Widersacher, Reson, den Sohn Eljadas, der von seinem Herrn, Hadadeser, dem König zu Zoba, geflohen war,

24 und sammelte wider ihn Männer und ward ein Hauptmann der Kriegsknechte, da sie David erwürgte; und sie zogen gen Damaskus und wohnten daselbst und regierten zu Damaskus.

25 Und er war Israels Widersacher, solange Salomo lebte. Das kam zu dem Schaden, den Hadad tat; und Reson hatte einen Haß wider Israel und ward König über Syrien.

26 Dazu Jerobeam, der Sohn Nebats, ein Ephraimiter von Zereda, Salomos Knecht (und seine Mutter hieß Zeruga, eine Witwe), der hob auch die Hand auf wider den König.

27 Und das ist die Sache, darum er die Hand wider den König aufhob: da Salomo Millo baute, verschloß er die Lücke an der Stadt Davids, seines Vaters.

28 Und Jerobeam war ein streitbarer Mann. Und da Salomo sah, daß der Jüngling tüchtig war, setzte er ihn über alle Lastarbeit des Hauses Joseph.

29 Es begab sich aber zu der Zeit, daß Jerobeam ausging von Jerusalem, und es traf ihn der Prophet Ahia von Silo auf dem Wege und hatte einen Mantel an, und waren beide allein im Felde.

30 Und Ahia faßte den neuen Mantel, den er anhatte, und riß ihn in zwölf Stücke

31 und sprach zu Jerobeam: Nimm zehn Stücke zu dir! Denn so spricht der HERR, der Gott Israels: Siehe, ich will das Königreich von der Hand Salomos reißen und dir zehn Stämme geben,

32 einen Stamm soll er haben um meines Knechtes David willen und um der Stadt Jerusalem willen, die ich erwählt habe aus allen Stämmen Israels,

33 darum daß sie mich verlassen und angebetet haben Asthoreth, die Göttin der Sidonier, Kamos, den Gott der Moabiter, und Milkom, den Gott der Kinder Ammon, und nicht gewandelt haben in meinen Wegen, daß sie täten, was mir wohl gefällt, meine Gebote und Rechte, wie David, sein Vater.

34 Ich will aber nicht das ganze Reich aus seiner Hand nehmen; sondern ich will ihn zum Fürsten machen sein Leben lang um Davids, meines Knechtes, willen, den ich erwählt habe, der meine Gebote und Rechte gehalten hat.

35 Aus der Hand seines Sohnes will ich das Königreich nehmen und will dir zehn Stämme

36 und seinem Sohn einen Stamm geben, auf daß David, mein Knecht, vor mir eine Leuchte habe allewege in der Stadt Jerusalem, die ich mir erwählt habe, daß ich meinen Namen dahin stellte.

37 So will ich nun dich nehmen, daß du regierest über alles, was dein Herz begehrt, und sollst König sein über Israel.

38 Wirst du nun gehorchen allem, was ich dir gebieten werde, und in meinen Wegen wandeln und tun, was mir gefällt, daß du haltest meine Rechte und Gebote, wie mein Knecht David getan hat: so will ich mit dir sein und dir ein beständiges Haus bauen, wie ich David gebaut habe, und will dir Israel geben

39 und will den Samen Davids um deswillen demütigen, doch nicht ewiglich.

40 Salomo aber trachtete, Jerobeam zu töten. Da machte sich Jerobeam auf und floh nach Ägypten zu Sisak, dem König in Ägypten, und blieb in Ägypten, bis daß Salomo starb.

41 Was mehr von Salomo zu sagen ist, und alles, was er getan hat, und seine Weisheit, das ist geschrieben in der Chronik von Salomo.

42 Die Zeit aber, die Salomo König war zu Jerusalem über ganz Israel, ist vierzig Jahre.

43 Und Salomo entschlief mit seinen Vätern und ward begraben in der Stadt Davids, seines Vaters. Und sein Sohn Rehabeam ward König an seiner Statt.

12. Kapitel

Zehn Stämme fallen von Rehabeam ab und wählen Jerobeam zum König; dessen Abgötterei.

1 Und Rehabeam zog gen Sichem; denn das ganze Israel war gen Sichem gekommen, ihn zum König zu machen.

2 Und Jerobeam, der Sohn Nebats, hörte das, da er noch in Ägypten war, dahin er vor dem König Salomo geflohen war, und blieb in Ägypten.

3 Und sie sandten hin und ließen ihn rufen. Und Jerobeam samt der ganzen Gemeinde Israel kamen und redeten mit Rehabeam und sprachen:

4 Dein Vater hat unser Joch zu hart gemacht; so mache du nun den harten Dienst und das schwere Joch leichter, das er uns aufgelegt hat, so wollen wir dir untertänig sein.

5 Er aber sprach zu ihnen: Gehet hin bis an den dritten Tag, dann kommt wieder zu mir. Und das Volk ging hin.

6 Und der König Rehabeam hielt einen Rat mit den Ältesten, die vor seinem Vater Salomo standen, da er lebte, und sprach: Wie ratet ihr, daß wir diesem Volk eine Antwort geben?

7 Sie sprachen zu ihm: Wirst du heute diesem Volk einen Dienst tun und ihnen zu Willen sein und sie erhören und ihnen gute Worte geben, so werden sie dir untertänig sein dein Leben lang.

8 Aber er ließ außer acht der Ältesten Rat, den sie ihm gegeben hatten, und hielt einen Rat mit den Jungen, die mit ihm aufgewachsen waren und vor ihm standen.

9 Und er sprach zu Ihnen: Was ratet ihr, daß wir antworten diesem Volk, die zu mir gesagt haben: Mache das Joch leichter, das dein Vater auf uns gelegt hat?

10 Und die Jungen, die mit ihm aufgewachsen waren, sprachen zu ihm: Du sollst zu dem Volk, das zu dir sagt: "Dein Vater hat unser Joch zu schwer gemacht; mache du es uns leichter", also sagen: Mein kleinster Finger soll dicker sein denn meines Vaters Lenden.

11 Nun, mein Vater hat auf euch ein schweres Joch geladen; ich aber will des noch mehr über euch machen: Mein Vater hat euch mit Peitschen gezüchtigt; ich will euch mit Skorpionen züchtigen.

12 Also kam Jerobeam samt dem ganzen Volk zu Rehabeam am dritten Tage, wie der König gesagt hatte und gesprochen: Kommt wieder zu mir am dritten Tage.

13 Und der König gab dem Volk eine harte Antwort und ließ außer acht den Rat, den ihm die Ältesten gegeben hatten,

14 und redete mit ihnen nach dem Rat der Jungen und sprach: Mein Vater hat euer Joch schwer gemacht; ich aber will des noch mehr über euch machen: Mein Vater hat euch mit Peitschen gezüchtigt; ich aber will euch mit Skorpionen züchtigen.

15 Also gehorchte der König dem Volk nicht; denn es war also abgewandt von dem HERRN, auf daß er sein Wort bekräftigte, das er durch Ahia von Silo geredet hatte zu Jerobeam, dem Sohn Nebats.

16 Da aber das ganze Israel sah, daß der König nicht auf sie hören wollte, gab das Volk dem König eine Antwort und sprach: Was haben wir für Teil an David oder Erbe am Sohn Isais? Israel, hebe dich zu deinen Hütten! So, siehe nun du zu deinem Hause, David! Also ging Israel in seine Hütten,

17 daß Rehabeam regierte nur über die Kinder Israel, die in den Städten Juda's wohnten.

18 Und da der König Rehabeam hinsandte Adoram, den Rentmeister, warf ihn ganz Israel mit Steinen zu Tode. Aber der König Rehabeam stieg stracks auf einen Wagen, daß er flöhe gen Jerusalem.

19 Also fiel Israel ab vom Hause David bis auf diesen Tag.

20 Da nun ganz Israel hörte, daß Jerobeam war

wiedergekommen, sandten sie hin und ließen ihn rufen zu der ganzen Gemeinde und machten ihn zum König über das ganze Israel. Und folgte niemand dem Hause David als der Stamm Juda allein.

21 Und da Rehabeam gen Jerusalem kam, sammelte er das ganze Haus Juda und den Stamm Benjamin, hundertundachtzigtausend junge, streitbare Mannschaft, wider das Haus Israel zu streiten und das Königreich wieder an Rehabeam, den Sohn Salomos, zu bringen.

22 Es kam aber Gottes Wort zu Semaja, dem Mann Gottes, und sprach:

23 Sage Rehabeam, dem Sohn Salomos, dem König Juda's, und zum ganzen Hause Juda und Benjamin und dem andern Volk und sprich:

24 So spricht der HERR: Ihr sollt nicht hinaufziehen und streiten wider eure Brüder, die Kinder Israel; jedermann gehe wieder heim; denn solches ist von mir geschehen. Und sie gehorchten dem Wort des HERRN und kehrten um, daß sie hingingen, wie der Herr gesagt hatte.

25 Jerobeam aber baute Sichem auf dem Gebirge Ephraim und wohnte darin, und zog von da heraus und baute Pnuel.

26 Jerobeam aber gedachte in seinem Herzen: Das Königreich wird nun wieder zum Hause David fallen.

27 Wenn dies Volk soll hinaufgehen, Opfer zu tun in des HERRN Hause zu Jerusalem, so wird

sich das Herz dieses Volkes wenden zu ihrem Herrn Rehabeam, dem König Juda's, und sie werden mich erwürgen und wieder zu Rehabeam, dem König Juda's, fallen.

28 Und der König hielt einen Rat und machte zwei goldenen Kälber und sprach zu ihnen: es ist euch zuviel, hinauf gen Jerusalem zu gehen; siehe, da sind deine Götter, Israel, die dich aus Ägyptenland geführt haben.

29 Und er setzte eins zu Beth-El, und das andere tat er gen Dan.

30 Und das geriet zur Sünde; denn das Volk ging hin vor das eine bis gen Dan.

31 Er machte auch ein Haus der Höhen und machte Priester aus allem Volk, die nicht von den Kindern Levi waren.

32 Und er machte ein Fest am fünfzehnten Tage des achten Monats wie das Fest in Juda und opferte auf dem Altar. So tat er zu Beth-El, daß man den Kälbern opferte, die er gemacht hatte, und stiftete zu Beth-El die Priester der Höhen, die er gemacht hatte,

33 und opferte auf dem Altar, den er gemacht hatte zu Beth-El, am fünfzehnten Tage des achten Monats, welchen er aus seinem Herzen erdacht hatte, und machte den Kindern Israel ein Fest und opferte auf dem Altar und räucherte.

13. Kapitel

Reich Israel. Ein Prophet aus Juda weissagt wider die
Abgötterei zu Beth-El, tut ein Zeichen an Jerobeam,
wird aber hernach verführt
und von einem Löwen getötet.

1 Und siehe, ein Mann Gottes kam von Juda durch das Wort des HERRN gen Beth-El; und Jerobeam stand bei dem Altar, zu räuchern.

2 Und er rief wider den Altar durch das Wort des HERRN und sprach: Altar, Altar! so spricht der HERR: Siehe, es wird ein Sohn dem Hause David geboren werden mit Namen Josia; der wird auf dir opfern die Priester der Höhen, die auf dir räuchern, und wir Menschengebeine auf dir verbrennen.

3 Und er gab des Tages ein Wunderzeichen und sprach: Das ist das Wunderzeichen, daß solches der HERR geredet hat: Siehe der Altar wird reißen und die Asche verschüttet werden, die darauf ist.

4 Da aber der König das Wort von dem Mann Gottes hörte, der wider den Altar zu Beth-El rief, reckte er seine Hand aus bei dem Altar und sprach: Greift ihn! Und seine Hand verdorrte, die er wider ihn ausgereckt hatte, und er konnte sie nicht wieder zu sich ziehen.

5 Und der Altar riß, und die Asche verschüttet vom Altar nach dem Wunderzeichen, das der Mann Gottes gegeben

hatte durch das Wort des HERRN.

6 Und der König hob an und sprach zu dem Mann Gottes: Bitte das Angesicht des Herrn, deines Gottes, und bitte für mich, daß meine Hand wieder zu mir komme. Da bat der Mann Gottes das Angesicht des HERRN; und dem König ward seine Hand wieder zu ihm gebracht und ward, wie sie zuvor war.

7 Und der König redete mit dem Mann Gottes: Komm mit mir heim und labe dich, ich will dir ein Geschenk geben.

8 Aber der Mann Gottes sprach zum König: Wenn du mir auch dein halbes Haus gäbst, so käme ich doch nicht mit dir; denn ich will an diesem Ort kein Brot essen noch Wasser trinken.

9 Denn also ist mir geboten durch des HERRN Wort und gesagt: Du sollst kein Brot essen und kein Wasser trinken und nicht wieder den Weg kommen, den du gegangen bist.

10 Und er ging weg einen andern Weg und kam nicht wieder den Weg, den er gen Beth-El gekommen war.

11 Es wohnte aber ein alter Prophet zu Beth-El; zu dem kamen seine Söhne und erzählten ihm alle Werke, die der Mann Gottes getan hatte des Tages zu Beth-El, und die Worte, die er zum König geredet hatte.

12 Und ihr Vater sprach zu ihnen: Wo ist der Weg, den er gezogen ist? Und seine Söhne zeigten ihm den Weg, den der Mann Gottes gezogen war, der von Juda gekommen war.

13 Er aber sprach zu seinen Söhnen: Sattelt mir den Esel! und da sie ihm den Esel sattelten, ritt er darauf

14 und zog dem Mann Gottes nach und fand ihn unter einer Eiche sitzen und sprach: Bist du der Mann Gottes, der von Juda gekommen ist? Er sprach: Ja.

15 Er sprach zu ihm: Komm mit mir heim und iß Brot.

16 Er aber sprach: Ich kann nicht mit dir umkehren und mit dir kommen; ich will auch nicht Brot essen noch Wasser trinken mit dir an diesem Ort.

17 Denn es ist mit mir geredet worden durch das Wort des HERRN: Du sollst daselbst weder Brot essen noch Wasser trinken; du sollst nicht wieder den Weg gehen, den du gegangen bist.

18 Er sprach zu ihm: Ich bin auch ein Prophet wie du, und ein Engel hat mit mir geredet durch des HERRN Wort und gesagt: Führe ihn wieder mit dir heim, daß er Brot esse und Wasser trinke. Er log ihm aber

19 und führte ihn wieder zurück, daß er Brot aß und Wasser trank in seinem Hause.

20 Und da sie zu Tisch saßen, kam das Wort des HERRN zu dem Propheten, der ihn wieder zurückgeführt hatte;

21 und er rief dem Mann Gottes zu, der da von Juda gekommen war, und sprach: So spricht der HERR: Darum daß du dem Munde des HERRN bist ungehorsam gewesen und hast nicht

gehalten das Gebot, das dir der HERR, dein Gott, geboten hat,

22 und bist umgekehrt, hast Brot gegessen und Wasser getrunken an dem Ort, davon ich dir sagte: Du sollst weder Brot essen noch Wasser trinken, so soll dein Leichnam nicht in deiner Väter Grab kommen.

23 Und nachdem er Brot gegessen und getrunken hatte, sattelte man den Esel dem Propheten, den er wieder zurückgeführt hatte.

24 Und da er wegzog, fand ihn ein Löwe auf dem Wege und tötete ihn; und sein Leichnam lag geworfen in dem Wege, und der Esel stand neben ihm und der Löwe stand neben dem Leichnam.

25 Und da Leute vorübergingen, sahen sie den Leichnam in den Weg geworfen und den Löwen bei dem Leichnam stehen, und kamen und sagten es in der Stadt, darin der alte Prophet wohnte.

26 Da das der Prophet hörte, der ihn wieder zurückgeführt hatte, sprach er: Es ist der Mann Gottes, der dem Munde des HERRN ist ungehorsam gewesen. Darum hat ihn der HERR dem Löwen gegeben; der hat ihn zerrissen und getötet nach dem Wort, das ihm der HERR gesagt hat.

27 Und er sprach zu seinen Söhnen: Sattelt mir den Esel! Und da sie ihn gesattelt hatten,

28 zog er hin und fand seinen Leichnam in den Weg geworfen und den Esel und den Löwen

neben dem Leichnam stehen. Der Löwe hatte nichts gefressen vom Leichnam und den Esel nicht zerrissen.

29 Da hob der Prophet den Leichnam des Mannes Gottes auf und legte ihn auf den Esel und führte ihn wieder zurück und kam in die Stadt des alten Propheten, daß sie ihn beklagten und begrüben.

30 Und er legte den Leichnam in sein Grab; und sie beklagten ihn: Ach, Bruder!

31 Und da sie ihn begraben hatten, sprach er zu seinen Söhnen: Wenn ich sterbe, so begrabt mich in dem Grabe, darin der Mann Gottes begraben ist, und legt mein Gebein neben sein Gebein.

32 Denn es wird geschehen was er geschrieen hat wider den Altar zu Beth-El durch das Wort des HERRN und wider alle Häuser der Höhen, die in den Städten Samarias sind.

33 Aber nach dieser Geschichte kehrte sich Jerobeam nicht von seinem bösen Wege, sondern machte Priester der Höhen aus allem Volk. Zu wem er Lust hatte, dessen Hand füllte er, und der ward Priester der Höhen.

34 Und dies geriet zu Sünde dem Hause Jerobeam, daß es verderbt und von der Erde vertilgt ward.

14. Kapitel

Reich Israel. Weissagung des Ahia wider Jerobeam.
Jerobeam stirbt. Reich Juda. Rehabeams Regierung.
Sünde und ihre Strafe.

1 Zu der Zeit war Abia, der Sohn Jerobeams, krank.

2 Und Jerobeam sprach zu seinem Weibe: Mache dich auf und verstelle dich, daß niemand merke, daß du Jerobeams Weib bist, und gehe hin gen Silo; siehe, daselbst ist der Prophet Ahia, der mit mir geredet hat, daß ich sollte König sein über dies Volk.

3 Und nimm mit dir zehn Brote und Kuchen und einen Krug mit Honig und komm zu ihm, daß er dir sage, wie es dem Knaben gehen wird.

4 Und das Weib Jerobeams tat also und machte sich auf und ging hin gen Silo und kam in das Haus Ahias. Ahia aber konnte nicht sehen, denn seine Augen waren starr vor Alter.

5 Aber der HERR sprach zu Ahia: Siehe, das Weib Jerobeams kommt, daß sie von dir eine Sache frage um ihren Sohn; denn er ist krank. So rede nun mit ihr so und so. Da sie nun hineinkam, stellte sie sich fremd.

6 Als aber Ahia hörte das Rauschen ihrer Füße zur Tür hineingehen, sprach er: Komm herein, du Weib Jerobeams! Warum stellst du dich so fremd? Ich bin zu dir gesandt als ein harter Bote.

7 Gehe hin und sage Jerobeam: So spricht der

HERR, der Gott Israels: Ich habe dich erhoben aus dem Volk und zum Fürsten über mein Volk Israel gesetzt

8 und habe das Königreich von Davids Haus gerissen und dir gegeben. Du aber bist nicht gewesen wie mein Knecht David, der meine Gebote hielt und wandelte mir nach von ganzem Herzen, daß er tat, was mir wohl gefiel,

9 und hast übel getan über alle, die vor dir gewesen sind, bist hingegangen und hast dir andere Götter gemacht und gegossene Bilder, daß du mich zum Zorn reizest, und hast mich hinter deinen Rücken geworfen.

10 Darum siehe, ich will Unglück über das Haus Jerobeam führen und ausrotten von Jerobeam alles, was männlich ist, den Verschlossenen und Verlassenen in Israel, und will die Nachkommen des Hauses Jerobeams ausfegen, wie man Kot ausfegt, bis es ganz mit ihm aus sei.

11 Wer von Jerobeam stirbt in der Stadt, den sollen die Hunde fressen; wer aber auf dem Felde stirbt, den sollen die Vögel des Himmels fressen; denn der HERR hat's geredet.

12 So mache dich nun auf und gehe heim; und wenn dein Fuß zur Stadt eintritt, wird das Kind sterben.

13 Und es wird ihn das ganze Israel beklagen, und werden ihn begraben; denn dieser allein von Jerobeam wird zu Grabe kommen, darum daß etwas Gutes an ihm erfunden ist vor dem HERRN, dem Gott Israels, im Hause Jerobeams.

14 Der HERR aber wird sich einen König über Israel erwecken, der wird das Haus Jerobeams ausrotten an dem Tage. Und was ist's, das schon jetzt geschieht!

15 Und der HERR wird Israel schlagen, gleich wie das Rohr im Wasser bewegt wird, und wird Israel ausreißen aus diesem guten Lande, daß er ihren Vätern gegeben hat, und wird sie zerstreuen jenseit des Stromes, darum daß sie ihre Ascherahbilder gemacht haben, den HERRN zu erzürnen.

16 Und er wird Israel übergeben um der Sünden willen Jerobeams, der da gesündigt hat und Israel hat sündigen gemacht.

17 Und das Weib Jerobeams machte sich auf, ging hin und kam gen Thirza. Und da sie auf die Schwelle des Hauses kam, starb der Knabe.

18 Und sie begruben ihn und ganz Israel beklagte ihn nach dem Wort des HERRN, das er geredet hatte durch seinen Knecht Ahia, den Propheten.

19 Was mehr von Jerobeam zu sagen ist, wie er gestritten und regiert hat, siehe, das ist geschrieben in der Chronik der Könige Israels.

20 Die Zeit aber, die Jerobeam regierte, sind zweiundzwanzig Jahre; und er entschlief mit seinen Vätern, und sein Sohn Nadab ward König an seiner Statt.

21 So war Rehabeam, der Sohn Salomos, König in Juda. Einundvierzig Jahre alt war Rehabeam, da er König ward, und regierte siebzehn Jahre

zu Jerusalem, in der Stadt, die der HERR erwählt hatte aus allen Stämmen Israels, daß er seinen Namen dahin stellte. Seine Mutter hieß Naema, eine Ammonitin.

22 Und Juda tat, was dem HERRN übel gefiel, und sie reizten ihn zum Eifer mehr denn alles, das ihre Väter getan hatten mit ihren Sünden, die sie taten.

23 Denn sie bauten auch Höhen, Säulen und Ascherahbilder auf allen hohen Hügeln und unter allen grünen Bäumen.

24 Es waren auch Hurer im Lande; und sie taten alle Gräuel der Heiden, die der HERR vor den Kindern Israel vertrieben hatte.

25 Aber im fünften Jahr des Königs Rehabeam zog Sisak, der König in Ägypten, herauf wider Jerusalem

26 und nahm die Schätze aus dem Hause des HERRN und aus dem Hause des Königs und alles, was zu nehmen war, und nahm alle goldenen Schilde, die Salomo hatte lassen machen;

27 an deren Statt ließ der König Rehabeam eherne Schilde machen und befahl sie unter die Hand der obersten Trabanten, die die Tür hüteten am Hause des Königs.

28 Und so oft der König in das Haus des HERRN ging, trugen sie die Trabanten und brachten sie wieder in der Trabanten Kammer.

29 Was aber mehr von Rehabeam zu sagen ist und alles was er getan hat, siehe, das ist

geschrieben in der Chronik der Könige Juda's.

30 Es war aber Krieg zwischen Rehabeam und Jerobeam ihr Leben lang.

31 Und Rehabeam entschlief mit seinen Vätern und ward begraben mit seinen Vätern in der Stadt Davids. Und seine Mutter hieß Naema, eine Ammonitin. Und sein Sohn Abiam ward König an seiner Statt.

15. Kapitel

Reich Juda, Abiam, Asa, Reich Israel, Nadab, Baesa.

1 Im achtzehnten Jahr des Königs Jerobeam, des Sohnes Nebats, ward Abiam König in Juda,

2 und regierte drei Jahre zu Jerusalem. Seine Mutter hieß Maacha, eine Tochter Abisaloms.

3 Und er wandelte in allen Sünden seines Vaters, die er vor ihm getan hatte, und sein Herz war nicht rechtschaffen an dem HERRN, seinem Gott, wie das Herz seines Vaters David.

4 Denn um Davids willen gab der HERR, sein Gott, ihm eine Leuchte zu Jerusalem, daß er seinen Sohn nach ihm erweckte und Jerusalem erhielt,

5 darum daß David getan hatte, was dem HERRN wohl gefiel, und nicht gewichen war von allem, was er ihm gebot sein Leben lang, außer dem Handel mit Uria, dem Hethiter.

6 Es war aber Krieg zwischen Rehabeam und

Jerobeam sein Leben lang.

7 Was aber mehr von Abiam zu sagen ist und alles, was er getan hat, siehe, das ist geschrieben in der Chronik der Könige Juda's. Es war aber Krieg zwischen Abiam und Jerobeam.

8 Und Abiam entschlief mit seinen Vätern, und sie begruben ihn in der Stadt Davids. Und Asa, sein Sohn, ward König an seiner Statt.

9 Im zwanzigsten Jahr des Königs Jerobeam über Israel ward Asa König in Juda,

10 und regierte einundvierzig Jahre zu Jerusalem. Seine Mutter hieß Maacha, eine Tochter Abisaloms.

11 Und Asa tat was dem HERRN wohl gefiel, wie sein Vater David,

12 und tat die Hurer aus dem Lande und tat ab alle Götzen, die seine Väter gemacht hatten.

13 Dazu setzte er auch sein Mutter Maacha ab, daß sie nicht mehr Herrin war, weil sie ein Gräuelbild gemacht hatte der Ascherah. Und Asa rottete aus ihr Gräuelbild und verbrannte es am Bach Kidron.

14 Aber die Höhen taten sie nicht ab. Doch war das Herz Asas rechtschaffen an dem HERRN sein Leben lang.

15 Und das Silber und Gold und Gefäß, das sein Vater geheiligt hatte, und was von ihm selbst geheiligt war, brachte er ein zum Hause des HERRN.

16 Und es war ein Streit zwischen Asa und

Baesa, dem König Israels, ihr Leben lang.

17 Basea aber, der König Israels, zog herauf wider Juda und baute Rama, daß niemand sollte aus und ein ziehen auf Asas Seite, des Königs Juda's.

18 Da nahm Asa alles Silber und Gold, das übrig war im Schatz des Hauses des HERRN und im Schatz des Hauses des Königs, und gab's in seiner Knechte Hände und sandte sie zu Benhadad, dem Sohn Tabrimmons, des Sohnes Hesjons, dem König zu Syrien, der zu Damaskus wohnte, und ließ ihm sagen:

19 Es ist ein Bund zwischen mir und dir und zwischen meinem Vater und deinem Vater; darum schicke ich dir ein Geschenk, Silber und Gold, daß du fahren lassest den Bund, den du mit Baesa, dem König Israels, hast, daß er von mir abziehe.

20 Benhadad gehorchte dem König Asa und sandte seine Hauptleute wider die Städte Israels und schlug Ijon und Dan und Abel-Beth-Maacha, das ganze Kinneroth samt dem Lande Naphthali.

21 Da das Baesa hörte, ließ er ab zu bauen Rama und zog wieder gen Thirza.

22 Der König Asa aber bot auf das ganze Juda, niemand ausgenommen, und sie nahmen die Steine und das Holz von Rama weg, womit Baesa gebaut hatte; und der König Asa baute damit Geba-Benjamin und Mizpa.

23 Was aber mehr von Asa zu sagen ist und alle seine Macht und alles, was er getan hat, und die

Städte, die er gebaut hat, siehe, das ist geschrieben in der Chronik der Könige Juda's. Nur war er in seinem Alter an seinen Füßen krank.

24 Und Asa entschlief mit seinen Vätern und ward begraben mit seinen Vätern in der Stadt Davids, seines Vaters. Und Josaphat, sein Sohn, ward König an seiner Statt.

25 Nadab aber, der Sohn Jerobeams, ward König über Israel im zweiten Jahr Asas, des Königs Juda's, und regierte über Israel zwei Jahre

26 und tat, was dem HERRN übel gefiel, und wandelte in dem Wege seines Vaters und in seiner Sünde, durch die er Israel hatte sündigen gemacht.

27 Aber Baesa, der Sohn Ahias, aus dem Hause Isaschar, machte einen Bund wider ihn und erschlug ihn zu Gibbethon, welches den Philistern gehört. Denn Nadab und das ganze Israel belagerten Gibbethon.

28 Also tötete ihn Baesa im dritten Jahr Asas, des Königs Juda's, und ward König an seiner Statt.

29 Als er nun König war, schlug er das ganze Haus Jerobeam und ließ nichts übrig, was Odem hatte, von Jerobeam, bis er ihn vertilgte, nach dem Wort des HERRN, das er geredet hatte durch seinen Knecht Ahia von Silo

30 um der Sünden willen Jerobeam, die er tat und durch die er Israel sündigen machte, mit

dem Reizen, durch das er den HERRN, den Gott Israels, erzürnte.

31 Was aber mehr von Nadab zu sagen ist und alles, was er getan hat, siehe, das ist geschrieben in der Chronik der Könige Israels.

32 Und es war Krieg zwischen Asa und Baesa, dem König Israels, ihr Leben lang.

33 Im dritten Jahr Asas, des Königs Juda's, ward Baesa, der Sohn Ahias, König über das ganze Israel zu Thirza vierundzwanzig Jahre;

34 und tat, was dem HERRN übel gefiel, und wandelte in dem Wege Jerobeams und in seiner Sünde, durch die er Israel hatte sündigen gemacht.

16. Kapitel

Reich Israel, Baesas Tod; die Könige Ela, Simri, Omri und Ahab. Samaria und Jericho erbaut.

1 Es kam aber das Wort des HERRN zu Jehu, dem Sohn Hananis, wider Baesa und sprach:

2 Darum daß ich dich aus dem Staub erhoben habe und zum Fürsten gemacht habe über mein Volk Israel und du wandelst in dem Wege Jerobeams und machst mein Volk Israel sündigen, daß du mich erzürnst durch ihre Sünden,

3 siehe, so will ich die Nachkommen Baesas und die Nachkommen seines Hauses

wegnehmen und will dein Haus machen wie das Haus Jerobeams, des Sohnes Nebats.

4 Wer von Baesa stirbt in der Stadt, den sollen die Hunde fressen; und wer von ihm stirbt auf dem Felde, den sollen die Vögel des Himmels fressen.

5 Was aber mehr von Baesa zu sagen ist und was er getan hat, und seine Macht, siehe, das ist geschrieben in der Chronik der Könige Israels.

6 Und Baesa entschlief mit seinen Vätern und ward begraben zu Thirza. Und sein Sohn Ela ward König an seiner Statt.

7 Auch kam das Wort des HERRN durch den Propheten Jehu, den Sohn Hananis, über Baesa und über sein Haus und wider alles Übel, das er tat vor dem HERRN, ihn zu erzürnen durch die Werke seiner Hände, daß es würde wie das Haus Jerobeam, und darum daß er dieses geschlagen hatte.

8 Im sechundzwanzigsten Jahr Asas, des Königs Juda's, ward Ela, der Sohn Baesas, König über Israel zu Thirza zwei Jahre.

9 Aber sein Knecht Simri, der Oberste über die Hälfte der Wagen, machte einen Bund wider ihn. Er war aber zu Thirza, trank und war trunken im Hause Arzas, des Vogts zu Thirza.

10 Und Simri kam hinein und schlug ihn tot im siebenundzwanzigsten Jahr Asas, des Königs Juda's, und ward König an seiner Statt.

11 Und da er König war und auf seinem Stuhl saß, schlug er das ganze Haus Baesas, und ließ

nichts übrig, was männlich war, dazu seine Erben und seine Freunde.

12 Also vertilgte Simri das ganze Haus Baesa nach dem Wort des Herrn, das er über Baesa geredet hatte durch den Propheten Jehu,

13 um aller Sünden willen Baesas und seines Sohnes Ela, die sie taten und durch die sie Israel sündigen machten, den HERRN, den Gott Israels, zu erzürnen durch ihre Abgötterei.

14 Was aber mehr von Ela zu sagen ist und alles, was er getan hat, siehe, das ist geschrieben in der Chronik der Könige Israels.

15 Im siebenundzwanzigsten Jahr Asas, des Königs Juda's, ward Simri König sieben Tage zu Thirza. Und das Volk lag vor Gibbethon der Philister.

16 Da aber das Volk im Lager hörte sagen, daß Simri einen Bund gemacht und auch den König erschlagen hätte, da machte das ganze Israel desselben Tages Omri, den Feldhauptmann, zum König über Israel im Lager.

17 Und Omri zog herauf und das ganze Israel mit ihm von Gibbethon und belagerten Thirza.

18 Da aber Simri sah, daß die Stadt würde gewonnen werden, ging er in den Palast im Hause des Königs und verbrannte sich mit dem Hause des Königs und starb

19 um seiner Sünden willen, die er getan hatte, daß er tat, was dem HERRN übel gefiel, und wandelte in dem Wege Jerobeams und seiner Sünde, die er tat, daß er Israel sündigen machte.

20 Was aber mehr von Simri zu sagen ist und wie er seinen Bund machte, siehe, das ist geschrieben in der Chronik der Könige Israels.

21 Dazumal teilte sich das Volk Israel in zwei Teile. Eine Hälfte hing an Thibni, dem Sohn Ginaths, daß sie ihn zum König machten; die andere Hälfte aber hing an Omri.

22 Aber das Volk, das an Omri hing, ward stärker denn das Volk, das an Thibni hing, dem Sohn Ginaths. Und Thibni starb; da ward Omri König.

23 Im einunddreißigsten Jahr Asas, des Königs Juda's, ward Omri König über Israel zwölf Jahre, und regierte zu Thirza sechs Jahre.

24 Er kaufte den Berg Samaria von Semer um zwei Zentner Silber und baute auf den Berg und hieß die Stadt, die er baute, nach dem Namen Semers, des Berges Herr, Samaria.

25 Und Omri tat, was dem HERRN übel gefiel und war ärger denn alle, die vor ihm gewesen waren,

26 und wandelte in allen Wegen Jerobeams, des Sohnes Nebats, und in seinen Sünden, durch die er Israel sündigen machte, daß sie den HERRN, den Gott Israels, erzürnten in ihrer Abgötterei.

27 Was aber mehr von Omri zu sagen ist und alles, was er getan hat, und seine Macht, die er geübt hat, siehe, das ist geschrieben in der Chronik der Könige Israels.

28 Und Omri entschlief mit seinen Vätern und

ward begraben zu Samaria. Und Ahab, sein Sohn, ward König an seiner Statt.

29 Im achunddreißigsten Jahr Asas, des Königs Juda's, ward Ahab, der Sohn Omris, König über Israel, und regierte über Israel zu Samaria zweiundzwanzig Jahre

30 und tat was dem HERRN übel, gefiel, über alle, die vor ihm gewesen waren.

31 Und es war ihm ein Geringes, daß er wandelte in der Sünde Jerobeams, des Sohnes Nebats, und nahm dazu Isebel, die Tochter Ethbaals, des Königs zu Sidon, zum Weibe und ging hin und diente Baal und betete ihn an

32 und richtete Baal einen Altar auf im Hause Baals, das er baute zu Samaria,

33 und machte ein Ascherabild; daß Ahab mehr tat, den HERRN, den Gott Israels, zu erzürnen, denn alle Könige Israels, die vor ihm gewesen waren.

34 Zur selben Zeit baute Hiel von Beth-El Jericho. Es kostete ihn seinen ersten Sohn Abiram, da er den Grund legte, und den jüngsten Sohn Segub, da er die Türen setzte, nach dem Wort des HERRN, das er geredet hatte durch Josua, den Sohn Nuns.

17. Kapitel

Reich Israel, Elia verkündigt Dürre, wird von Raben gespeist, ernährt durch ein Wunder die Witwe zu Zarpath und erweckt ihren Sohn.

1 Und es sprach Elia, der Thisbiter, aus den Bürgern Gileads, zu Ahab: So wahr der HERR, der Gott Israels, lebt, vor dem ich stehe, es soll diese Jahre weder Tau noch Regen kommen, ich sage es denn.

2 Und das Wort des HERRN kam zu ihm und sprach:

3 Gehe weg von hinnen und wende dich gegen Morgen und verbirg dich am Bach Krith, der gegen den Jordan fließt;

4 und sollst vom Bach trinken; und ich habe den Raben geboten, daß sie dich daselbst sollen versorgen.

5 Er aber ging hin und tat nach dem Wort des HERRN und ging weg und setzte sich am Bach Krith, der gegen den Jordan fließt.

6 Und die Raben brachten ihm das Brot und Fleisch des Morgens und des Abends, und er trank vom Bach.

7 Und es geschah nach etlicher Zeit, daß der Bach vertrocknete; denn es war kein Regen im Lande.

8 Da kam das Wort des HERRN zu ihm und sprach:

9 Mache dich auf und gehe gen Zarpath,

welches bei Sidon liegt, und bleibe daselbst; denn ich habe einer Witwe geboten, daß sie dich versorge.

10 Und er machte sich auf und ging gen Zarpath. Und da er kam an das Tor der Stadt, siehe, da war eine Witwe und las Holz auf. Und er rief ihr und sprach: Hole mir ein wenig Wasser im Gefäß, daß ich trinke!

11 Da sie aber hinging, zu holen, rief er ihr und sprach: Bringe mir auch einen Bissen Brot mit!

12 Sie sprach: So wahr der HERR, dein Gott, lebt, ich habe nichts gebackenes, nur eine Handvoll Mehl im Kad und ein wenig Öl im Krug. Und siehe, ich habe ein Holz oder zwei aufgelesen und gehe hinein und will mir und meinem Sohn zurichten, daß wir essen und sterben.

13 Elia sprach zu ihr: Fürchte dich nicht! Gehe hin und mach's, wie du gesagt hast. Doch mache mir am ersten ein kleines Gebackenes davon und bringe mir's heraus; dir aber und deinem Sohn sollst du darnach auch machen.

14 Denn also spricht der HERR, der Gott Israels: Das Mehl im Kad soll nicht verzehrt werden, und dem Ölkrug soll nichts mangeln bis auf den Tag, da der HERR regnen lassen wird auf Erden.

15 Sie ging hin und machte, wie Elia gesagt hatte. Und er aß und sie auch und ihr Haus eine Zeitlang.

16 Das Mehl im Kad ward nicht verzehrt, und dem Ölkrug mangelte nichts nach dem Wort des

HERRN, daß er geredet hatte durch Elia.

17 Und nach diesen Geschichten ward des Weibes, seiner Hauswirtin, Sohn krank, und seine Krankheit war sehr hart, daß kein Odem mehr in ihm blieb.

18 Und sie sprach zu Elia: Was habe ich mit dir zu schaffen, du Mann Gottes? Bist du zu mir hereingekommen, daß meiner Missetat gedacht und mein Sohn getötet würde.

19 Er sprach zu ihr: Gib mir her deinen Sohn! Und er nahm ihn von ihrem Schoß und ging hinauf auf den Söller, da er wohnte, und legte ihn auf sein Bett

20 und rief den HERRN an und sprach: HERR, mein Gott, hast du auch der Witwe, bei der ich ein Gast bin, so übel getan, daß du ihren Sohn tötetest?

21 Und er maß sich über dem Kinde dreimal und rief den HERRN an und sprach: HERR, mein Gott, laß die Seele dieses Kindes wieder zu ihm kommen!

22 Und der HERR erhörte die Stimme Elia's; und die Seele des Kindes kam wieder zu ihm, und es ward lebendig.

23 Und Elia nahm das Kind und brachte es hinab vom Söller ins Haus und gab's seiner Mutter und sprach: Siehe da, dein Sohn lebt!

24 Und das Weib sprach zu Elia: Nun erkenne ich, daß du ein Mann Gottes bist, und des HERRN Wort in deinem Munde ist Wahrheit.

18. Kapitel

1 Und über eine lange Zeit kam das Wort des HERRN zu Elia, im dritten Jahr, und sprach: Gehe hin und zeige dich Ahab, daß ich regnen lasse auf Erden.

2 Und Elia ging hin, daß er sich Ahab zeigte. Es war aber eine große Teuerung zu Samaria.

3 Und Ahab rief Obadja, seinen Hofmeister. (Obadja aber fürchtete den HERRN sehr.

4 Denn da Isebel die Propheten des HERRN ausrottete, nahm Obadja hundert Propheten und versteckte sie in Höhlen, hier fünfzig und da fünfzig, und versorgte sie mit Brot und Wasser.)

5 So sprach nun Ahab zu Obadja: Zieh durchs Land zu allen Wasserbrunnen und Bächen, ob wir möchten Heu finden und die Rosse und Maultiere erhalten, daß nicht das Vieh alles umkomme.

6 Und sie teilten sich ins Land, daß sie es durchzogen. Ahab zog allein auf einem Wege und Obadja auch allein den andern Weg.

7 Da nun Obadja auf dem Wege war, siehe, da begegnete ihm Elia; und er erkannte ihn, fiel auf sein Antlitz und sprach: Bist du nicht mein Herr Elia?

8 Er sprach: Ja. Gehe hin und sage deinem Herrn: Siehe, Elia ist hier!

9 Er aber sprach: Was habe ich gesündigt, daß

du deinen Knecht willst in die Hände Ahabs geben, daß er mich töte?

10 So wahr der HERR, dein Gott, lebt, es ist kein Volk noch Königreich, dahin mein Herr nicht gesandt hat, dich zu suchen; und wenn sie sprachen: Er ist nicht hier, nahm er einen Eid von dem Königreich und Volk, daß man dich nicht gefunden hätte.

11 Und du sprichst nun: Gehe hin, sage deinem Herrn: Siehe, Elia ist hier!

12 Wenn ich nun hinginge von dir, so würde dich der Geist des HERRN wegnehmen, weiß nicht, wohin; und wenn ich dann käme und sagte es Ahab an und er fände dich nicht, so erwürgte er mich. Aber dein Knecht fürchtet den HERRN von seiner Jugend auf.

13 Ist's meinem Herrn nicht angesagt, was ich getan habe, da Isebel die Propheten des HERR erwürgte? daß ich der Propheten des HERRN hundert versteckte, hier fünfzig und da fünfzig, in Höhlen und versorgte sie mit Brot und Wasser?

14 Und du sprichst nun: Gehe hin, sage deinem Herrn: Elia ist hier! daß er mich erwürge.

15 Elia sprach: So wahr der HERR Zebaoth lebt, vor dem ich stehe, ich will mich ihm heute zeigen.

16 Da ging Obadja hin Ahab entgegen und sagte es ihm an. Und Ahab ging hin Elia entgegen.

17 Und da Ahab Elia sah, sprach Ahab zu ihm: Bist du, der Israel verwirrt?

18 Er aber sprach: Ich verwirre Israel nicht, sondern Du und deines Vaters Haus, damit daß ihr des HERRN Gebote verlassen habt und wandelt Baalim nach.

19 Wohlan, so sende nun hin und versammle zu mir das ganze Israel auf den Berg Karmel und die vierhundertfünfzig Propheten Baals, auch die vierhundert Propheten der Aschera, die vom Tisch Isebels essen.

20 Also sandte Ahab hin unter alle Kinder Israel und versammelte die Propheten auf den Berg Karmel.

21 Da trat Elia zu allem Volk und sprach: Wie lange hinket ihr auf beide Seiten? Ist der HERR Gott, so wandelt ihm nach; ist's aber Baal, so wandelt ihm nach. Und das Volk antwortete ihm nichts.

22 Da sprach Elia zum Volk: Ich bin allein übriggeblieben als Prophet des HERRN; aber der Propheten Baals sind vierhundertfünfzig Mann.

23 So gebt uns zwei Farren und laßt sie erwählen einen Farren und ihn zerstücken und aufs Holz legen und kein Feuer daran legen; so will ich den andern Farren nehmen und aufs Holz legen und auch kein Feuer daran legen.

24 So rufet ihr an den Namen eures Gottes, und ich will den Namen des HERRN anrufen. Welcher Gott nun mit Feuer antworten wird, der sei Gott. Und das ganze Volk antwortete und sprach: Das ist recht.

25 Und Elia sprach zu den Propheten Baals: Erwählt ihr einen Farren und richtet zu am ersten, denn euer ist viel; und ruft eures Gottes Namen an und legt kein Feuer daran.

26 Und sie nahmen den Farren, den man ihnen gab, und richteten zu und riefen an den Namen Baals vom Morgen bis an den Mittag und sprachen: Baal, erhöre uns! Aber es war da keine Stimme noch Antwort. Und sie hinkten um den Altar, den sie gemacht hatten.

27 Da es nun Mittag ward, spottete ihrer Elia und sprach: Ruft laut! denn er ist ein Gott; er dichtet oder hat zu schaffen oder ist über Feld oder schläft vielleicht, daß er aufwache.

28 Und sie riefen laut und ritzten sich mit Messern und Pfriemen nach ihrer Weise, bis daß ihr Blut herabfloß.

29 Da aber Mittag vergangen war, weissagten sie bis um die Zeit, da man Speisopfer tun sollte; und da war keine Stimme noch Antwort noch Aufmerken.

30 Da sprach Elia zu allem Volk: Kommt her, alles Volk zu mir! Und da alles Volk zu ihm trat, baute er den Altar des HERRN wieder auf, der zerbrochen war,

31 und nahm zwölf Steine nach der Zahl der Stämme der Kinder Jakobs (zu welchem das Wort des HERRN redete und sprach: Du sollst Israel heißen),

32 und baute mit den Steinen einen Altar im Namen des HERRN und machte um den Altar

her eine Grube, zwei Kornmaß weit,

33 und richtete das Holz zu und zerstückte den Farren und legte ihn aufs Holz

34 und sprach: Holt vier Kad Wasser voll und gießt es auf das Brandopfer und aufs Holz! Und sprach: Tut's noch einmal! Und sie taten's noch einmal. Und er sprach: Tut's zum drittenmal! Und sie taten's zum drittenmal.

35 Und das Wasser lief um den Altar her, und die Grube ward auch voll Wasser.

36 Und da die Zeit war, Speisopfer zu opfern, trat Elia, der Prophet, herzu und sprach: HERR, Gott Abrahams, Isaaks und Israels, laß heute kund werden, daß du Gott in Israel bist und ich dein Knecht, und daß ich solches alles nach deinem Wort getan habe!

37 Erhöre mich HERR, erhöre mich, daß dies Volk wisse, daß du, HERR, Gott bist, daß du ihr Herz darnach bekehrst!

38 Da fiel das Feuer des HERRN herab und fraß Brandopfer, Holz, Steine und Erde und leckte das Wasser auf in der Grube.

39 Da das alles Volk sah, fiel es auf sein Angesicht und sprach: Der HERR ist Gott, der HERR ist Gott!

40 Elia aber sprach zu ihnen: Greift die Propheten Baals, daß ihrer keiner entrinne! und sie griffen sie. Und Elia führte sie hinab an den Bach Kison und schlachtete sie daselbst.

41 Und Elia sprach zu Ahab: Zieh hinauf, iß und trink; denn es rauscht, als wollte es sehr regnen.

42 Und da Ahab hinaufzog, zu essen und zu trinken, ging Elia auf des Karmels Spitze und bückte sich zur Erde und tat sein Haupt zwischen seine Knie

43 und sprach zu seinem Diener: Geh hinauf und schau zum Meer zu! Er ging hinauf und schaute und sprach: Es ist nichts da. Er sprach: Geh wieder hin siebenmal!

44 Und beim siebentenmal sprach er: Siehe, es geht eine kleine Wolke auf aus dem Meer wie eines Mannes Hand. Er sprach: Geh hinauf und sage Ahab: Spanne an und fahre hinab, daß dich der Regen nicht ergreife!

45 Und ehe man zusah, ward der Himmel schwarz von Wolken und Wind, und kam ein großer Regen. Ahab aber fuhr und zog gen Jesreel.

46 Und die Hand des HERRN kam über Elia, und er gürtete seine Lenden und lief vor Ahab hin, bis er kam gen Jesreel.

19. Kapitel

Elia flieht vor Isebel. Gott erschien ihm am Berge Horeb. Elisa wird sein Jünger.

1 Und Ahab sagte Isebel alles an, was Elia getan hatte und wie er hatte alle Propheten Baals mit dem Schwert erwürgt.

2 Da sandte Isebel einen Boten zu Elia und ließ

ihm sagen: Die Götter tun mir dies und das, wo ich nicht morgen um diese Zeit deiner Seele tue wie dieser Seelen einer.

3 Da er das sah, machte er sich auf und ging hin um seines Lebens willen und kam gen Beer-Seba in Juda und ließ seinen Diener daselbst.

4 Er aber ging hin in die Wüste eine Tagereise und kam hinein und setzte sich unter einen Wacholder und bat, daß seine Seele stürbe, und sprach: Es ist genug, so nimm nun, HERR, meine Seele; ich bin nicht besser denn meine Väter.

5 Und er legte sich und schlief unter dem Wacholder. Und siehe, ein Engel rührte ihn an und sprach zu ihm: Steh auf und iß!

6 Und er sah sich um, und siehe, zu seinen Häupten lag ein geröstetes Brot und eine Kanne mit Wasser. Und da er gegessen und getrunken hatte, legte er sich wieder schlafen.

7 Und der Engel des HERRN kam zum andernmal wieder und rührte ihn an und sprach: Steh auf und iß! denn du hast einen großen Weg vor dir.

8 Er stand auf und aß und trank und ging durch die Kraft derselben Speise vierzig Tage und vierzig Nächte bis an den Berg Gottes Horeb

9 und kam daselbst in eine Höhle und blieb daselbst über Nacht. Und siehe, das Wort des HERRN kam zu ihm und sprach zu ihm: Was machst du hier, Elia?

10 Er sprach: Ich habe geeifert um den HERRN, den Gott Zebaoth; denn die Kinder Israel haben

deinen Bund verlassen und deine Altäre zerbrochen und deine Propheten mit dem Schwert erwürgt, und ich bin allein übriggeblieben, und sie stehen darnach, daß sie mir mein Leben nehmen.

11 Er sprach: Gehe heraus und tritt auf den Berg vor den HERRN! Und siehe, der HERR ging vorüber und ein großer, starker Wind, der die Berge zerriß und die Felsen zerbrach, vor dem HERRN her; der HERR war aber nicht im Winde. Nach dem Winde aber kam ein Erdbeben; aber der HERR war nicht im Erdbeben.

12 Und nach dem Erdbeben kam ein Feuer; aber der HERR war nicht im Feuer. Und nach dem Feuer kam ein stilles, sanftes Sausen.

13 Da das Elia hörte, verhüllte er sein Antlitz mit seinem Mantel und ging heraus und trat in die Tür der Höhle. Und siehe, da kam eine Stimme zu ihm und sprach: Was hast du hier zu tun, Elia?

14 Er sprach: Ich habe um den HERRN, den Gott Zebaoth, geeifert; denn die Kinder Israel haben deinen Bund verlassen, deine Altäre zerbrochen, deine Propheten mit dem Schwert erwürgt, und ich bin allein übriggeblieben, und sie stehen darnach, daß sie mir das Leben nehmen.

15 Aber der HERR sprach zu ihm: Gehe wiederum deines Weges durch die Wüste gen Damaskus und gehe hinein und salbe Hasael zum König über Syrien,

16 Und Jehu, den Sohn Nimsis, zum König über

Israel, und Elisa, den Sohn Saphats, von Abel-Mehola, zum Propheten an deiner Statt.

17 Und es soll geschehen, daß wer dem Schwert Hasaels entrinnt, den soll Jehu töten.

18 Und ich will übriglassen siebentausend in Israel: alle Kniee, die sich nicht gebeugt haben vor Baal, und allen Mund, der ihn nicht geküßt hat.

19 Und er ging von dannen und fand Elisa, den Sohn Saphats, daß er pflügte mit zwölf Jochen vor sich hin; und er war selbst bei dem zwölften. Und Elia ging zu ihm und warf seinen Mantel auf ihn.

20 Er aber ließ die Rinder und lief Elia nach und sprach: Laß mich meinen Vater und meine Mutter küssen, so will ich dir nachfolgen. Er sprach zu ihm: Gehe hin und komme wieder; bedenke, was ich dir getan habe!

21 Und er lief wieder von ihm und nahm ein Joch Rinder und opferte es und kochte das Fleisch mit dem Holzwerk an den Rindern und gab's dem Volk, daß sie aßen. Und machte sich auf und folgte Elia nach und diente ihm.

20. Kapitel

Reich Israel. Zwiefacher Krieg und Sieg Ahabs wider den syrischen König Benhadad.

1 Und Benhadad, der König von Syrien,

versammelte alle seine Macht, und waren zweiunddreißig Könige mit ihm und Roß und Wagen, und zog herauf und belagerte Samaria und stritt dawider

2 und sandte Boten zu Ahab, dem König Israels, in die Stadt

3 und ließ ihm sagen: So spricht Benhadad: Dein Silber und dein Gold ist mein, und deine Weiber und deine besten Kinder sind auch mein.

4 Der König Israels antwortete und sprach: Mein Herr König, wie du geredet hast! Ich bin dein und alles, was ich habe.

5 Und die Boten kamen wieder und sprachen: So spricht Benhadad: Weil ich zu dir gesandt habe und lassen sagen: Dein Silber und dein Gold, deine Weiber und deine Kinder sollst du mir geben,

6 so will ich morgen um diese Zeit meine Knechte zu dir senden, daß sie dein Haus und deiner Untertanen Häuser durchsuchen; und was dir lieblich ist, sollen sie in ihre Hände nehmen und wegtragen.

7 Da rief der König Israels alle Ältesten des Landes und sprach: Merkt und seht, wie böse er's vornimmt! Er hat zu mir gesandt um meine Weiber und Kinder, Silber und Gold, und ich hab ihm nichts verweigert.

8 Da sprachen zu ihm alle Alten und das Volk: Du sollst nicht gehorchen noch bewilligen.

9 Und er sprach zu den Boten Benhadads: Sagt

meinem Herrn, dem König: Alles, was du am ersten entboten hast, will ich tun; aber dies kann ich nicht tun. Und die Boten gingen hin und sagten solches wieder.

10 Da sandte Benhadad zu ihm und ließ ihm sagen: Die Götter tun mir dies und das, wo der Staub Samarias genug sein soll, daß alles Volk unter mir eine Handvoll davon bringe.

11 Aber der König Israels antwortete und sprach: Sagt: Der den Harnisch anlegt, soll sich nicht rühmen wie der, der ihn hat abgelegt.

12 Da das Benhadad hörte und er eben trank mit den Königen in den Gezelten, sprach er zu seinen Knechten: Schickt euch! Und sie schickten sich wider die Stadt.

13 Und siehe, ein Prophet trat zu Ahab, dem Königs Israels, und sprach: So spricht der HERR: Du hast ja gesehen all diesen großen Haufen. Siehe, ich will ihn heute in deine Hand geben, daß du wissen sollst, ich sei der HERR.

14 Ahab sprach: Durch wen? Er sprach: So spricht der HERR: Durch die Leute der Landvögte. Er sprach: Wer soll den Streit anheben? Er sprach: Du.

15 Da zählte er die Landvögte, und ihrer waren zweihundertzweiunddreißig, und zählte nach ihnen das Volk aller Kinder Israel, siebentausend Mann.

16 Und sie zogen aus am Mittag. Benhadad aber trank und war trunken im Gezelt samt den zweiunddreißig Königen, die ihm zu Hilfe

gekommen waren.

17 Und die Leute der Landvögte zogen am ersten aus. Benhadad aber sandte aus, und die sagten ihm an und sprachen: Es ziehen Männer aus Samaria.

18 Er sprach: Greift sie lebendig, sie seien um Friedens oder um Streit ausgezogen!

19 Da aber die Leute der Landvögte waren ausgezogen und das Heer ihnen nach,

20 schlug ein jeglicher, wer ihm vorkam. Und die Syrer flohen und Israel jagte ihnen nach. Und Benhadad, der König von Syrien, entrann mit Rossen und Reitern.

21 Und der König Israels zog aus und schlug Roß und Wagen, daß er an den Syrern eine große Schlacht tat.

22 Da trat der Prophet zum König Israels und sprach zu ihm: Gehe hin und stärke dich und merke und siehe, was du tust! Denn der König von Syrien wird wider dich heraufziehen, wenn das Jahr um ist.

23 Denn die Knechte des Königs von Syrien sprachen zu ihm: Ihre Götter sind Berggötter; darum haben sie uns überwunden. O daß wir mit ihnen auf der Ebene streiten müßten! Was gilt's, wir wollten sie überwinden!

24 Tue also: Tue die Könige weg, einen jeglichen an seinen Ort, und stelle die Landpfleger an ihre Stätte

25 und ordne dir ein Heer, wie das Heer war, das du verloren hast, und Roß und Wagen, wie

jene waren, und laß uns wider sie streiten auf der Ebene. Was gilt's, wir wollen ihnen obliegen! Er gehorchte ihrer Stimme und tat also.

26 Als nun das Jahr um war, ordnete Benhadad die Syrer und zog herauf gen Aphek, wider Israel zu streiten.

27 Und die Kinder Israel ordneten sich auch und versorgten sich und zogen hin ihnen entgegen und lagerten sich gegen sie wie zwei kleine Herden Ziegen. Der Syrer aber war das Land voll.

28 Und es trat der Mann Gottes herzu und sprach zum König Israels: So spricht der HERR: Darum, daß die Syrer haben gesagt, der HERR sei ein Gott der Berge und nicht ein Gott der Gründe, so habe ich all diesen großen Haufen in deine Hand gegeben, daß ihr wisset, ich sei der HERR.

29 Und sie lagerten sich stracks gegen jene, sieben Tage. Am siebenten Tage zogen sie zuhauf in den Streit; und die Kinder Israel schlugen die Syrer hunderttausend Mann Fußvolk auf einen Tag.

30 Und die übrigen flohen gen Aphek in die Stadt; und die Mauer fiel auf die übrigen siebenundzwanzigtausend Mann. Und Benhadad floh auch in die Stadt von einer Kammer in die andere.

31 Da sprachen seine Knechte zu ihm: Siehe, wir haben gehört, daß die Könige des Hauses Israel barmherzige Könige sind; so laßt uns

Säcke um unsere Lenden tun und Stricke um unsre Häupter und zum König Israels hinausgehen; vielleicht läßt er deine Seele leben.

32 Und sie gürteten Säcke um ihre Lenden und Stricke um ihre Häupter und kamen zum König Israels und sprachen: Benhadad, dein Knecht, läßt dir sagen: Laß doch meine Seele leben! Er aber sprach: Lebt er noch, so ist er mein Bruder.

33 Und die Männer nahmen eilend das Wort von ihm und deuteten's für sich und sprachen: Ja dein Bruder Benhadad. Er sprach: Kommt und bringt ihn! Da ging Benhadad zu ihm heraus. Und er ließ ihn auf dem Wagen sitzen.

34 Und Benhadad sprach zu ihm: Die Städte, die mein Vater deinem Vater genommen hat, will ich dir wiedergeben; und mache dir Gassen zu Damaskus, wie mein Vater zu Samaria getan hat. So will ich (sprach Ahab) mit einem Bund dich ziehen lassen. Und er machte mit ihm einen Bund und ließ ihn ziehen.

35 Da sprach ein Mann unter den Kindern der Propheten zu seinem Nächsten durch das Wort des HERRN: Schlage mich doch! Er aber weigerte sich, ihn zu schlagen.

36 Da sprach er zu ihm: Darum daß du der Stimme des HERRN nicht hast gehorcht, siehe, so wird dich ein Löwe schlagen, wenn du von mir gehst. Und da er von ihm abging, fand ihn ein Löwe und schlug ihn.

37 Und er fand einen anderen Mann und

sprach: Schlage mich doch! und der Mann schlug ihn wund.

38 Da ging der Prophet hin und trat zum König an den Weg und verstellte sein Angesicht mit einer Binde.

39 Und da der König vorüberzog, schrie er den König an und sprach: Dein Knecht war ausgezogen mitten in den Streit. Und siehe, ein Mann war gewichen und brachte einen Mann zu mir und sprach: Verwahre diesen Mann; wo man ihn wird vermissen, so soll deine Seele anstatt seiner Seele sein, oder du sollst einen Zentner Silber darwägen.

40 Und da dein Knecht hier und da zu tun hatte, war der nicht mehr da. Der König Israels sprach zu ihm: Das ist dein Urteil; du hast es selbst gefällt.

41 Da tat er eilend die Binde von seinem Angesicht; und der König Israels kannte ihn, daß er der Propheten einer war.

42 Und er sprach zu ihm: So spricht der HERR: Darum daß du hast den verbannten Mann von dir gelassen, wird deine Seele für seine Seele sein und dein Volk für sein Volk.

43 Aber der König Israels zog hin voll Unmuts und zornig in sein Haus und kam gen Samaria.

21. Kapitel

Reich Israel, Tyrannei Ahabs und Isebels wider Naboth, Strafdrohung durch Elia.

1 Nach diesen Geschichten begab sich's, daß Naboth, ein Jesreeliter, einen Weinberg hatte zu Jesreel, bei dem Palast Ahabs, des Königs zu Samaria.

2 Und Ahab redete mit Naboth und sprach: Gib mir deinen Weinberg; ich will mir einen Kohlgarten daraus machen, weil er so nahe an meinem Hause liegt. Ich will dir einen bessern Weinberg dafür geben, oder, so dir's gefällt, will ich dir Silber dafür geben, soviel er gilt.

3 Aber Naboth sprach zu Ahab: Das lasse der HERR fern von mir sein, daß ich dir meiner Väter Erbe sollte geben!

4 Da kam Ahab heim voll Unmuts und zornig um des Wortes willen, das Naboth, der Jesreeliter, zu ihm hatte gesagt und gesprochen: Ich will dir meiner Väter Erbe nicht geben. Und er legte sich auf sein Bett und wandte sein Antlitz und aß kein Brot.

5 Da kam zu ihm hinein Isebel, sein Weib, und redete mit ihm: Was ist's, daß du nicht Brot ißt?

6 Er sprach zu ihr: Ich habe mit Naboth, dem Jesreeliten, geredet und gesagt: Gib mir deinen Weinberg um Geld, oder, so du Lust dazu hast, will ich dir einen andern dafür geben. Er aber sprach: Ich will dir meinen Weinberg nicht

geben.

7 Da sprach Isebel, sein Weib, zu ihm: Was wäre für ein Königreich in Israel, wenn du nicht tätig wärst! Stehe auf und iß Brot und sei guten Muts! Ich will dir den Weinberg Naboths, des Jesreeliten, verschaffen.

8 Und sie schrieb Briefe unter Ahabs Namen und versiegelte sie mit seinem Siegel und sandte sie zu den Ältesten und Obersten in seiner Stadt, die um Naboth wohnten.

9 Und sie schrieb also in diesen Briefen: Laßt ein Fasten ausschreien und setzt Naboth obenan im Volk

10 und stellt zwei lose Buben vor ihn, die da Zeugen und sprechen: Du hast Gott und den König gelästert! und führt ihn hinaus und steinigt ihn, daß er sterbe.

11 Und die Ältesten und Obersten seiner Stadt, die in seiner Stadt wohnten, taten, wie ihnen Isebel entboten hatte, wie sie in den Briefen geschrieben hatte, die sie zu ihnen sandte,

12 und ließen ein Fasten ausschreien und ließen Naboth obenan unter dem Volk sitzen.

13 Da kamen die zwei losen Buben und stellten sich vor ihn und zeugten wider Naboth vor dem Volk und sprachen: Naboth hat Gott und den König gelästert. Da führten sie ihn vor die Stadt hinaus und steinigten ihn, daß er starb.

14 Und sie entboten Isebel und ließen ihr sagen: Naboth ist gesteinigt und tot.

15 Da aber Isebel hörte, daß Naboth gesteinigt

und tot war, sprach sie zu Ahab: Stehe auf und nimm ein den Weinberg Naboths, des Jesreeliten, welchen er sich weigerte dir um Geld zu geben; denn Naboth lebt nimmer, sondern ist tot.

16 Da Ahab hörte, daß Naboth tot war, stand er auf, daß er hinabginge zum Weinberge Naboths, des Jesreeliten, und ihn einnähme.

17 Aber das Wort des HERRN kam zu Elia, dem Thisbiter, und sprach:

18 Mache dich auf und gehe hinab, Ahab, dem König Israels, entgegen, der zu Samaria ist, siehe, er ist im Weinberge Naboths, dahin er ist hinabgegangen, daß er ihn einnehme,

19 und rede mit ihm und sprich: So spricht der HERR: Du hast totgeschlagen, dazu auch in Besitz genommen. Und sollst mit ihm reden und Sagen: So spricht der HERR: An der Stätte, da Hunde das Blut Naboths geleckt haben, sollen auch Hunde dein Blut lecken.

20 Und Ahab sprach zu Elia: Hast du mich gefunden, mein Feind? Er aber sprach: Ja, ich habe dich gefunden, darum daß du dich verkauft hast, nur Übles zu tun vor dem HERRN.

21 Siehe, ich will Unglück über dich bringen und deine Nachkommen wegnehmen und will von Ahab ausrotten, was männlich ist, den der verschlossen und übriggelassen ist in Israel,

22 und will dein Haus machen wie das Haus Jerobeams, des Sohnes Nebats, und wie das Haus Baesas, des Sohnes Ahias, um des Reizens

willen, durch das du mich erzürnt und Israel sündigen gemacht hast.

23 Und über Isebel redete der HERR auch und sprach: Die Hunde sollen Isebel fressen an der Mauer Jesreels.

24 Wer von Ahab stirbt in der Stadt, den sollen die Hunde fressen; und wer auf dem Felde stirbt, den sollen die Vögel unter dem Himmel fressen.

25 (Also war niemand, der sich so gar verkauft hätte, übel zu tun vor dem HERRN, wie Ahab; denn sein Weib Isebel überredete ihn also.

26 Und er machte sich zum großen Gräuel, daß er den Götzen nachwandelte allerdinge, wie die Amoriter getan hatten, die der HERR vor den Kindern Israel vertrieben hatte.)

27 Da aber Ahab solche Worte hörte, zerriß er seine Kleider und legte einen Sack an seinen Leib und fastete und schlief im Sack und ging jämmerlich einher.

28 Und das Wort des HERRN kam zu Elia, dem Thisbiter, und sprach:

29 Hast du nicht gesehen, wie sich Ahab vor mir bückt? Weil er sich nun vor mir bückt, will ich das Unglück nicht einführen bei seinem Leben; aber bei seines Sohnes Leben will ich das Unglück über sein Haus führen.

22. Kapitel

Krieg gegen die Syrer. Der Prophet Micha weissagt Niederlage. Ahabs Untergang. Josaphats Regierung in Juda. Ahasja in Israel.

1 Und es vergingen drei Jahre, daß kein Krieg war zwischen den Syrern und Israel.

2 Im dritten Jahr aber zog Josaphat, der König Juda's hinab zum König Israels.

3 Und der König Israels sprach zu seinen Knechten: Wißt ihr nicht, daß Ramoth in Gilead unser ist; und wir sitzen still und nehmen es nicht von der Hand des Königs von Syrien?

4 Und sprach zu Josaphat: Willst du mit mir ziehen in den Streit gen Ramoth in Gilead? Josaphat sprach zum König Israels: ich will sein wie du, und mein Volk wie dein Volk, und meine Rosse wie deine Rosse.

5 Und Josaphat sprach zum König Israels: Frage doch heute um das Wort des HERRN!

6 Da sammelte der König Israels Propheten bei vierhundert Mann und sprach zu ihnen: Soll ich gen Ramoth in Gilead ziehen, zu streiten, oder soll ich's lassen anstehen? Sie sprachen: Zieh hinauf! der HERR wird's in die Hand des Königs geben.

7 Josaphat aber sprach: Ist hier kein Prophet des HERRN mehr, daß wir durch ihn fragen?

8 Der König Israels sprach zu Josaphat: Es ist noch ein Mann, Micha, der Sohn Jemlas, durch

den man den HERR fragen kann. Aber ich bin ihm gram; denn er weissagt mir kein Gutes, sondern eitel Böses. Josaphat sprach: Der König rede nicht also.

9 Da rief der König Israels einen Kämmerer und sprach: Bringe eilend her Micha, den Sohn Jemlas!

10 Der König aber Israels und Josaphat, der König Juda's, saßen ein jeglicher auf seinem Stuhl, mit ihren Kleidern angezogen, auf dem Platz vor der Tür am Tor Samarias; und alle Propheten weissagten vor ihnen.

11 Und Zedekia, der Sohn Knaenas, hatte sich eiserne Hörner gemacht und sprach: So spricht der HERR: Hiermit wirst du die Syrer stoßen, bis du sie aufräumst.

12 Und alle Propheten weissagten also und sprachen: Ziehe hinauf gen Ramoth in Gilead und fahre glücklich; der HERR wird's in die Hand des Königs geben.

13 Und der Bote, der hingegangen war, Micha zu rufen, sprach zu ihm: Siehe, der Propheten Reden sind einträchtig gut für den König; so laß nun dein Wort auch sein wie das Wort derselben und rede Gutes.

14 Micha sprach: So wahr der HERR lebt, ich will reden, was der HERR mir sagen wird.

15 Und da er zum König kam, sprach der König zu Ihm: Micha, sollen wir gen Ramoth in Gilead ziehen, zu streiten oder sollen wir's lassen anstehen? Er sprach zu Ihm: Ja, ziehe hinauf und

fahre glücklich; der HERR wird's in die Hand des Königs geben.

16 Der König sprach abermals zu ihm: Ich beschwöre dich, daß du mir nichts denn die Wahrheit sagst im Namen des HERRN.

17 Er sprach: Ich sah ganz Israel zerstreut auf den Bergen wie die Schafe, die keinen Hirten haben. Und der HERR sprach: Diese haben keinen Herrn; ein jeglicher kehre wieder heim mit Frieden.

18 Da sprach der König Israels zu Josaphat: Habe ich dir nicht gesagt, daß er mir nichts Gutes weissagt, sondern eitel Böses?

19 Er sprach: Darum höre nun das Wort des HERRN! Ich sah den HERRN sitzen auf seinem Stuhl und alles himmlische Heer neben ihm stehen zu seiner Rechten und Linken.

20 Und der HERR sprach: Wer will Ahab überreden, daß er hinaufziehe und falle zu Ramoth in Gilead? Und einer sagte dies, und der andere das.

21 Da ging ein Geist heraus und trat vor den HERRN und sprach: Ich will ihn überreden. Der HERR sprach zu ihm: Womit?

22 Er sprach: Ich will ausgehen und will ein falscher Geist sein in aller Propheten Munde. Er sprach: Du sollst ihn überreden und sollst's ausrichten; gehe aus und tue also!

23 Nun siehe, der HERR hat einen falschen Geist gegeben in aller dieser deiner Propheten Mund; und der HERR hat böses über dich

geredet.

24 Da trat herzu Zedekia, der Sohn Knaenas, und schlug Micha auf den Backen und sprach: Wie? Ist der Geist des HERRN von mir gewichen, daß er mit dir redete?

25 Micha sprach: Siehe, du wirst's sehen an dem Tage, wenn du von einer Kammer in die andere gehen wirst, daß du dich verkriechst.

26 Der König Israels sprach: Nimm Micha und laß ihn bleiben bei Amon, dem Obersten der Stadt, und bei Joas, dem Sohn des Königs,

27 und sprich: So spricht der König: Diesen setzt ein in den Kerker und speist ihn mit Brot und Wasser der Trübsal, bis ich mit Frieden wiederkomme.

28 Micha sprach: Kommst du mit Frieden wieder, so hat der HERR nicht durch mich geredet. Und sprach: Höret zu, alles Volk!

29 Also zog der König Israels und Josaphat, der König Juda's, hinauf gen Ramoth in Gilead.

30 Und der König Israels sprach zu Josaphat: Ich will mich verstellen und in den Streit kommen; du aber habe deine Kleider an. Und der König Israels verstellte sich und zog in den Streit.

31 Aber der König von Syrien gebot den Obersten über seine Wagen, deren waren zweiunddreißig, und sprach: Ihr sollt nicht streiten wider Kleine noch Große, sondern wider den König Israels allein.

32 Und da die Obersten der Wagen Josaphat sahen, meinten sie er wäre der König Israels,

und fielen auf ihn mit Streiten; aber Josaphat schrie.

33 Da aber die Obersten der Wagen sahen, daß er nicht der König Israels war, wandten sie sich von ihm.

34 Ein Mann aber spannte den Bogen von ungefähr und schoß den König Israels zwischen Panzer und Wehrgehänge. Und er sprach zu seinem Fuhrmann: Wende deine Hand und führe mich aus dem Heer, denn ich bin wund!

35 Und der Streit nahm überhand desselben Tages, und der König stand auf dem Wagen der Syrer und starb des Abends. Und das Blut floß von den Wunden mitten in den Wagen.

36 Und man ließ ausrufen im Heer, da die Sonne unterging, und sagen: Ein jeglicher gehe in seine Stadt und in sein Land.

37 Also starb der König und ward gen Samaria gebracht. Und sie begruben ihn zu Samaria.

38 Und da sie den Wagen wuschen bei dem Teich Samarias, leckten die Hunde sein Blut (es wuschen ihn aber die Huren) nach dem Wort des HERRN, das er geredet hatte.

39 Was mehr von Ahab zu sagen ist und alles, was er getan hat, und das elfenbeinerne Haus, das er baute, und alle Städte, die er gebaut hat, siehe, das ist geschrieben in der Chronik der Könige Israels.

40 Also entschlief Ahab mit seinen Vätern; und sein Sohn Ahasja ward König an seiner Statt.

41 Und Josaphat, der Sohn Asas, ward König

über Juda im vierten Jahr Ahabs, des Königs Israels,

42 und war fünfunddreißig Jahre alt, da er König ward, und regierte fünfundzwanzig Jahre zu Jerusalem. Seine Mutter hieß Asuba, eine Tochter Silhis. Und er wandelte in allem Wege seines Vaters Asa und wich nicht davon; und er tat was dem HERRN wohl gefiel.

43 Doch tat er die Höhen nicht weg, und das Volk opferte und räucherte noch auf den Höhen.

44 Und er hatte Frieden mit dem König Israels.

45 Was aber mehr von Josaphat zu sagen ist und seine Macht, was er getan und wie er gestritten hat, siehe das ist geschrieben in der Chronik der Könige Juda's.

46 Auch tat er aus dem Lande, was noch übrige Hurer waren, die zu der Zeit seines Vaters Asa waren übriggeblieben.

47 Und es war kein König in Edom; ein Landpfleger war König.

48 Und Josaphat hatte Schiffe lassen machen aufs Meer, die nach Ophir gehen sollten, Gold zu holen. Aber sie gingen nicht; denn sie wurden zerbrochen zu Ezeon-Geber.

49 Dazumal sprach Ahasja, der Sohn Ahabs, zu Josaphat: Laß meine Knechte mit deinen Schiffen fahren! Josaphat aber wollte nicht.

50 Und Josaphat entschlief mit seinen Vätern und ward begraben mit seinen Vätern in der Stadt Davids, seines Vaters; und Joram, sein Sohn, ward König an seiner Statt.

51 Ahasja, der Sohn Ahabs, ward König über Israel zu Samaria im siebzehnten Jahr Josaphats, des Königs Juda's, und regierte über Israel zwei Jahre;

52 und er tat, was dem HERRN übel gefiel, und wandelte in dem Wege seines Vaters und seiner Mutter und in dem Wege Jerobeams, des Sohnes Nebats, der Israel sündigen machte,

53 und diente Baal und betete ihn an und erzürnte den HERRN, den Gott Israels, wie sein Vater tat.

Das 1. Buch der Könige

Das 2. Buch der Könige

Das 2. Buch der Könige

Die Geschichte der Könige Juda

*Von den getrennten Reichen,
der Zerstörung des Tempels, der Wegführung des
Volkes Gottes nach Babel, dem menschlichen Fehl
der Regierenden und der Erkenntnis,
dass der einzige wahre König
Gott, der Schöpfer des Himmels und der Erde ist*

Das 2. Buch der Könige

1. Kapitel

*Reich Israel. Ahasjas Krankheit und Tod. Elia lässt
Feuer vom Himmel fallen.*

1 Es fielen aber die Moabiter ab von Israel, da
Ahab tot war.

2 Und Ahasja fiel durch das Gitter in seinem
Söller zu Samaria und ward krank; und sandte
Boten und sprach zu ihnen: Geht hin und fragt
Baal-Sebub, den Gott zu Ekron, ob ich von
dieser Krankheit genesen werde.

3 Aber der Engel des HERRN redete mit Elia,
dem Thisbiter: Auf! und begegne den Boten des
Königs zu Samaria und sprich zu ihnen: Ist denn
nun kein Gott in Israel, daß ihr hingehet, zu
fragen Baal-Sebub, den Gott Ekrons?

4 Darum so spricht der HERR: Du sollst nicht
von dem Bette kommen, darauf du dich gelegt
hast, sondern sollst des Todes sterben. Und Elia
ging weg.

5 Und da die Boten wieder zu ihm kamen,
sprach er zu ihnen: Warum kommt ihr wieder?

6 Sie sprachen zu ihm: Es kam ein Mann herauf
uns entgegen und sprach zu uns: Gehet
wiederum hin zu dem König, der euch gesandt
hat, und sprecht zu ihm: So spricht der HERR: Ist
denn kein Gott in Israel, daß du hinsendest, zu
fragen Baal-Sebub, den Gott Ekrons? Darum

sollst du nicht kommen von dem Bette, darauf du dich gelegt hast, sondern sollst des Todes sterben.

7 Er sprach zu ihnen: Wie war der Mann gestaltet, der euch begegnete und solches zu euch sagte?

8 Sie sprachen zu ihm: Er hatte eine rauhe Haut an und einen ledernen Gürtel um seine Lenden. Er aber sprach: Es ist Elia, der Thisbiter.

9 Und er sandte hin zu ihm einen Hauptmann über fünfzig samt seinen fünfzigen. Und da er hinaufkam, siehe, da saß er oben auf dem Berge. Er aber sprach zu Ihm: Du Mann Gottes, der König sagt: Du sollst herabkommen!

10 Elia antwortete dem Hauptmann über fünfzig und sprach zu ihm: Bin ich ein Mann Gottes, so falle Feuer vom Himmel und fresse dich und deine fünfzig. Da fiel Feuer vom Himmel und fraß ihn und seine fünfzig.

11 Und er sandte wiederum einen andern Hauptmann über fünfzig zu ihm samt seinen fünfzigen. Der antwortete und sprach zu ihm: Du Mann Gottes, so spricht der König: Komm eilends herab!

12 Elia antwortete und sprach: Bin ich ein Mann Gottes, so falle Feuer vom Himmel und fresse dich und deine fünfzig. Da fiel das Feuer Gottes vom Himmel und fraß ihn und seine fünfzig.

13 Da sandte er wiederum den dritten Hauptmann über fünfzig samt seinen fünfzigen. Da der zu ihm hinaufkam, beugte er seine Kniee

gegen Elia und flehte ihn an und sprach zu ihm: Du Mann Gottes, laß meine Seele und die Seele deiner Knechte, dieser fünfzig, vor dir etwas gelten.

14 Siehe, das Feuer ist vom Himmel gefallen und hat die ersten zwei Hauptmänner über fünfzig mit ihren fünfzigen gefressen; nun aber laß meine Seele etwas gelten vor dir.

15 Da sprach der Engel des HERRN zu Elia: Gehe mit ihm hinab und fürchte dich nicht vor ihm! und er machte sich auf und ging mit ihm hinab zum König.

16 Und er sprach zu ihm: So spricht der HERR: Darum daß du hast Boten hingesandt und lassen fragen Baal-Sebub, den Gott zu Ekron, als wäre kein Gott in Israel, dessen Wort man fragen möchte, so sollst du von dem Bette nicht kommen, darauf du dich gelegt hast, sondern sollst des Todes sterben.

17 Also starb er nach dem Wort des HERRN, das Elia geredet hatte. Und Joram ward König an seiner Statt im zweiten Jahr Jorams, des Sohnes Josaphats, des Königs Juda's; denn er hatte keinen Sohn.

18 Was aber mehr von Ahasja zu sagen ist, das er getan hat, siehe, das ist geschrieben in der Chronik der Könige Israels.

2. Kapitel

Reich Israel. Elias Himmelfahrt. Elisa heilt die Quelle zu Jericho und flucht den Knaben zu Beth-El.

1 Da aber der HERR wollte Elia im Wetter gen Himmel holen, gingen Elia und Elisa von Gilgal.

2 Und Elia sprach zu Elisa: Bleib doch hier; denn der HERR hat mich gen Beth-El gesandt. Elisa aber sprach: So wahr der HERR lebt und deine Seele, ich verlasse dich nicht. Und da sie hinab gen Beth-El kamen,

3 gingen der Propheten Kinder, die zu Beth-El waren, heraus zu Elisa und sprachen zu ihm: Weißt du auch, daß der HERR wird deinen Herrn heute von deinen Häupten nehmen? Er aber sprach: Ich weiß es auch wohl; schweigt nur still.

4 Und Elia sprach zu ihm: Elisa, bleib doch hier; denn der HERR hat mich gen Jericho gesandt. Er aber sprach: So wahr der HERR lebt und deine Seele, ich verlasse dich nicht. Und da sie gen Jericho kamen,

5 traten der Propheten Kinder, die zu Jericho waren, zu Elisa und sprachen zu ihm: Weißt du auch, daß der HERR wird deinen Herrn heute von deinen Häupten nehmen? Er aber sprach: Ich weiß es auch wohl; schweigt nur still.

6 Und Elia sprach zu ihm: Bleib doch hier; denn der HERR hat mich gesandt an den Jordan. Er aber sprach: So wahr der HERR lebt und deine Seele, ich verlasse dich nicht. Und sie gingen

beide miteinander.

7 Aber fünfzig Männer unter der Propheten Kindern gingen hin und traten gegenüber von ferne; aber die beiden standen am Jordan.

8 Da nahm Elia seinen Mantel und wickelte ihn zusammen und schlug ins Wasser; das teilte sich auf beiden Seiten, daß die beiden trocken hindurchgingen.

9 Und da sie hinüberkamen, sprach Elia zu Elisa: Bitte, was ich dir tun soll, ehe ich von dir genommen werde. Elisa sprach: Daß mir werde ein zwiefältig Teil von deinem Geiste.

10 Er sprach: Du hast ein Hartes gebeten. Doch, so du mich sehen wirst, wenn ich von dir genommen werde, so wird's ja sein; wo nicht, so wird's nicht sein.

11 Und da sie miteinander gingen und redeten, siehe, da kam ein feuriger Wagen mit feurigen Rossen, die schieden die beiden voneinander; und Elia fuhr also im Wetter gen Himmel.

12 Elisa aber sah es und schrie: Vater, mein Vater, Wagen Israels und seine Reiter! und sah ihn nicht mehr. Und er faßte sein Kleider und zerriß sie in zwei Stücke

13 und hob auf den Mantel Elia's, der ihm entfallen war, und kehrte um und trat an das Ufer des Jordans

14 und nahm den Mantel Elia's, der ihm entfallen war, und schlug ins Wasser und sprach: Wo ist nun der HERR, der Gott Elia's? und schlug ins Wasser; da teilte sich's auf beide Seiten, und

Elisa ging hindurch.

15 Und da ihn sahen der Propheten Kinder, die gegenüber zu Jericho waren, sprachen sie: Der Geist Elia's ruht auf Elisa; und gingen ihm entgegen und fielen vor ihm nieder zur Erde

16 und sprachen zu ihm: Siehe, es sind unter deinen Knechten fünfzig Männer, starke Leute, die laß gehen und deinen Herrn suchen; vielleicht hat ihn der Geist des HERRN genommen und irgend auf einen Berg oder irgend in ein Tal geworfen. Er aber sprach: Laßt ihn gehen!

17 Aber sie nötigten ihn, bis daß er nachgab und sprach: Laßt hingehen! Und sie sandte hin fünfzig Männer und suchten ihn drei Tage; aber sie fanden ihn nicht.

18 Und kamen wieder zu ihm, da er noch zu Jericho war; und er sprach zu ihnen: Sagte ich euch nicht, ihr solltet nicht hingehen?

19 Und die Männer der Stadt sprachen zu Elisa: Siehe, es ist gut wohnen in dieser Stadt, wie mein Herr sieht; aber es ist böses Wasser und das Land unfruchtbar.

20 Er sprach: Bringet mir her eine neue Schale und tut Salz darein! Und sie brachten's ihm.

21 Da ging er hinaus zu der Wasserquelle und warf das Salz hinein und sprach: So spricht der HERR: Ich habe dies Wasser gesund gemacht; es soll hinfort kein Tod noch Unfruchtbarkeit daher kommen.

22 Also ward das Wasser gesund bis auf diesen

Tag nach dem Wort Elisas, das er redete.

23 Und er ging hinauf gen Beth-El. Und als er auf dem Wege hinanging, kamen kleine Knaben zur Stadt heraus und spotteten sein und sprachen zu ihm: Kahlkopf, komm herauf! Kahlkopf, komm herauf!

24 Und er wandte sich um; und da er sie sah, fluchte er ihnen im Namen des HERRN. Da kamen zwei Bären aus dem Walde und zerrissen der Kinder zweiundvierzig.

25 Von da ging er auf den Berg Karmel und kehrte um von da gen Samaria.

3. Kapitel

Reich Israel. Jorams Regierung und Krieg mit Josaphat, König von Juda wider die Moabiter.

1 Joram, der Sohn Ahabs, ward König über Israel zu Samaria im achtzehnten Jahr Josaphats, des Königs Juda's, und regierte zwölf Jahre.

2 Und er tat, was dem HERRN übel gefiel; doch nicht wie sein Vater und seine Mutter. Denn er tat weg die Säule Baals, die sein Vater machen ließ.

3 Aber er blieb hangen an den Sünden Jerobeams, des Sohnes Nebats, der Israel sündigen machte, und ließ nicht davon.

4 Mesa aber, der Moabiter König, hatte viele Schafe und zinste dem König Israels Wolle von

hunderttausend Lämmern und hunderttausend Widdern.

5 Da aber Ahab tot war, fiel der Moabiter König ab vom König Israels.

6 Da zog zur selben Zeit aus der König Joram von Samaria und ordnete das ganze Israel

7 und sandte hin zu Josaphat, dem König Juda's, und ließ ihm sagen: Der Moabiter König ist von mir abgefallen; komm mit mir, zu streiten wider die Moabiter! Er sprach: Ich will hinaufkommen; ich bin wie du, und mein Volk wie dein Volk, und meine Rosse wie deine Rosse.

8 Und er sprach: Welchen Weg wollen wir hinaufziehen? Er sprach: Den Weg durch die Wüste Edom.

9 Also zog hin der König Israels, der König Juda's und der König Edoms. Und da sie sieben Tagereisen zogen, hatte das Heer und das Vieh, das unter ihnen war kein Wasser.

10 Da sprach der König Israels: O wehe! der HERR hat diese drei Könige geladen, daß er sie in der Moabiter Hände gebe.

11 Josaphat aber sprach: Ist kein Prophet des HERRN hier, daß wir den HERRN durch ihn ratfragen? Da antwortete einer unter den Knechten des Königs Israels und sprach: Hier ist Elisa, der Sohn Saphats, der Elia Wasser auf die Hände goß.

12 Josaphat sprach: Des HERRN Wort ist bei ihm. Also zogen sie zu ihm hinab der König Israels und Josaphat und der König Edoms.

13 Elisa aber sprach zum König Israels: Was hast du mit mir zu schaffen? gehe hin zu den Propheten deines Vaters und zu den Propheten deiner Mutter! Der König Israels sprach zu ihm: Nein! denn der HERR hat diese drei Könige geladen, daß er sie in der Moabiter Hände gebe.

14 Elisa sprach: So wahr der HERR Zebaoth lebt, vor dem ich stehe, wenn ich nicht Josaphat, den König Juda's, ansähe, ich wollte dich nicht ansehen noch achten.

15 So bringet mir nun einen Spielmann! Und da der Spielmann auf den Saiten spielte, kam die Hand des HERRN auf ihn,

16 und er sprach: So spricht der HERR: Macht hier und da Gräben an diesem Bach!

17 Denn so spricht der HERR: Ihr werdet keinen Wind noch Regen sehen; dennoch soll der Bach voll Wasser werden, daß ihr und euer Gesinde und euer Vieh trinket.

18 Dazu ist das ein Geringes vor dem HERRN; er wird auch die Moabiter in eure Hände geben,

19 daß ihr schlagen werdet alle festen Städte und alle auserwählten Städte und werdet fällen alle guten Bäume und werdet verstopfen alle Wasserbrunnen und werdet allen guten Acker mit Steinen verderben.

20 Des Morgens aber, zur Zeit, da man Speisopfer opfert, siehe, da kam ein Gewässer des Weges von Edom und füllte das Land mit Wasser.

21 Da aber alle Moabiter hörten, daß die Könige heraufzogen, wider sie zu streiten, beriefen sie alle, die zur Rüstung alt genug und darüber waren, und traten an die Grenze.

22 Und da sie sich des Morgens früh aufmachten und die Sonne aufging über dem Gewässer, deuchte die Moabiter das Gewässer ihnen gegenüber rot zu sein wie Blut;

23 und sie sprachen: Es ist Blut! Die Könige haben sich mit dem Schwert verderbt, und einer wird den andern geschlagen haben. Hui, Moab, mache dich nun auf zur Ausbeute!

24 Aber da sie zum Lager Israels kamen, machte sich Israel auf und schlug die Moabiter; und sie flohen vor ihnen. Aber sie kamen hinein und schlugen Moab.

25 Die Städte zerbrachen sie, und ein jeglicher warf seine Steine auf alle guten Äcker und machten sie voll und verstopften die Wasserbrunnen und fällten alle guten Bäume, bis daß nur die Steine von Kir-Hareseth übrigblieben; und es umgaben die Stadt die Schleuderer und warfen auf sie.

26 Da aber der Moabiter König sah, daß ihm der Streit zu stark war, nahm er siebenhundert Mann zu sich, die das Schwert auszogen, durchzubrechen wider den König Edoms; aber sie konnten nicht.

27 Da nahm er seinen ersten Sohn, der an seiner Statt sollte König werden, und opferte ihn zum Brandopfer auf der Mauer. Da kam ein

großer Zorn über Israel, daß sie von ihm abzogen und kehrten wieder in ihr Land.

4. Kapitel

Reich Israel. Elisa mehrt das Öl der Witwe,
verheißt der Sunamitin einen Sohn,
erweckt ihn vom Tode, macht schädliche Speise
gesund und speist viele mit Wenigem.

1 Und es schrie ein Weib unter den Weibern der Kinder der Propheten zu Elisa und sprach: Dein Knecht, mein Mann, ist gestorben, so weißt du, daß er, dein Knecht, den HERRN fürchtete; nun kommt der Schuldherr und will meine beiden Kinder nehmen zu leibeigenen Knechten.

2 Elisa sprach zu ihr: Was soll ich dir tun? Sage mir, was hast du im Hause? Sie sprach: Deine Magd hat nichts im Hause denn einen Ölkrug.

3 Er sprach: Gehe hin und bitte draußen von allen deinen Nachbarinnen leere Gefäße, und derselben nicht wenig,

4 und gehe hinein und schließe die Tür zu hinter dir und deinen Söhnen und gieß in alle Gefäße; und wenn du sie gefüllt hast, so gib sie hin.

5 Sie ging hin und schloß die Tür zu hinter sich und ihren Söhnen; die brachten ihr die Gefäße zu, so goß sie ein.

6 Und da die Gefäße voll waren, sprach sie zu ihrem Sohn: Lange mir noch ein Gefäß her! Er sprach: Es ist kein Gefäß mehr hier. Da stand das Öl.

7 Und sie ging hin und sagte es dem Mann Gottes an. Er sprach: Gehe hin, verkaufe das Öl und bezahle deinen Schuldherrn; du aber und deine Söhne nähret euch von dem übrigen.

8 Und es begab sich zu der Zeit, daß Elisa ging gen Sunem. Daselbst war eine reiche Frau; die hielt ihn, daß er bei ihr aß. Und so oft er daselbst durchzog, kehrte er zu ihr ein und aß bei ihr.

9 Und sie sprach zu ihrem Mann: Siehe, ich merke, daß dieser Mann Gottes heilig ist, der immerdar hier durchgeht.

10 Laß uns ihm eine kleine bretterne Kammer oben machen und ein Bett, Tisch, Stuhl und Leuchter hineinsetzen, auf daß er, wenn er zu uns kommt, dahin sich tue.

11 Und es begab sich zu der Zeit, daß er hineinkam und legte sich oben in die Kammer und schlief darin

12 und sprach zu seinem Diener Gehasi: Rufe die Sunamitin! Und da er sie rief, trat sie vor ihn.

13 Er sprach zu ihm: Sage ihr: Siehe, du hast uns allen diesen Dienst getan; was soll ich dir tun? Hast du eine Sache an den König oder an den Feldhauptmann? Sie sprach: Ich wohne unter meinem Volk.

14 Er sprach: Was ist ihr denn zu tun? Gehasi sprach: Ach, sie hat keinen Sohn, und ihr Mann

ist alt.

15 Er sprach: Rufe sie! Und da er sie rief, trat sie in die Tür.

16 Und er sprach: Um diese Zeit über ein Jahr sollst du einen Sohn herzen. Sie sprach: Ach nicht, mein Herr, du Mann Gottes! lüge deiner Magd nicht!

17 Und die Frau ward schwanger und gebar einen Sohn um dieselbe Zeit über ein Jahr, wie ihr Elisa geredet hatte.

18 Da aber das Kind groß ward, begab sich's, daß es hinaus zu seinem Vater zu den Schnittern ging

19 und sprach zu seinem Vater: O mein Haupt, mein Haupt! Er sprach zu seinem Knecht: Bringe ihn zu seiner Mutter!

20 Und er nahm ihn und brachte ihn zu seiner Mutter, und sie setzte ihn auf ihren Schoß bis an den Mittag; da starb er.

21 Und sie ging hinauf und legte ihn aufs Bett des Mannes Gottes, schloß zu und ging hinaus

22 und rief ihren Mann und sprach: Sende mir der Knechte einen und eine Eselin; ich will zu dem Mann Gottes, und wiederkommen.

23 Er sprach: Warum willst du zu ihm? Ist doch heute nicht Neumond noch Sabbat. Sie sprach: Es ist gut.

24 Und sie sattelte die Eselin und sprach zum Knecht: Treibe fort und säume nicht mit dem Reiten, wie ich dir sage!

25 Also zog sie hin und kam zu dem Mann

Gottes auf den Berg Karmel. Als aber der Mann Gottes sie kommen sah, sprach er zu seinem Diener Gehasi: Siehe, die Sunamitin ist da!

26 So laufe ihr nun entgegen und frage sie, ob's ihr und ihrem Mann und Sohn wohl gehe. Sie sprach: Wohl.

27 Da sie aber zu dem Mann Gottes auf den Berg kam, hielt sie ihn bei seinen Füßen; Gehasi aber trat herzu, daß er sie abstieße. Aber der Mann Gottes sprach: Laß sie! denn ihre Seele ist betrübt, und der HERR hat mir's verborgen und nicht angezeigt.

28 Wann habe ich einen Sohn gebeten von meinem Herrn? sagte ich nicht du solltest mich nicht täuschen?

29 Er sprach zu Gehasi: Gürte deine Lenden und nimm meinen Stab in deine Hand und gehe hin (so dir jemand begegnet, so grüße ihn nicht, und grüßt dich jemand, so danke ihm nicht), und lege meinen Stab auf des Knaben Antlitz.

30 Die Mutter des Knaben aber sprach: So wahr der HERR lebt und deine Seele, ich lasse nicht von dir! Da machte er sich auf und ging ihr nach.

31 Gehasi aber ging vor ihnen hin und legte den Stab dem Knaben aufs Antlitz; da war aber keine Stimme noch Fühlen. Und er ging wiederum ihnen entgegen und zeigte ihm an und sprach: Der Knabe ist nicht aufgewacht.

32 Und da Elisa ins Haus kam, siehe, da lag der Knabe tot auf seinem Bett.

33 Und er ging hinein und schloß die Tür zu für

sie beide und betete zu dem HERRN

34 und stieg hinauf und legte sich auf das Kind und legte seinen Mund auf des Kindes Mund und seine Augen auf seine Augen und seine Hände auf seine Hände und breitete sich also über ihn, daß des Kindes Leib warm ward.

35 Er aber stand wieder auf und ging im Haus einmal hierher und daher und stieg hinauf und breitete sich über ihn. Da schnaubte der Knabe siebenmal; darnach tat der Knabe seine Augen auf.

36 Und er rief Gehasi und sprach: Rufe die Sunamitin! Und da er sie rief, kam sie hinein zu ihm. Er sprach: Da nimm hin deinen Sohn!

37 Da kam sie und fiel zu seinen Füßen und beugte sich nieder zur Erde und nahm ihren Sohn und ging hinaus.

38 Da aber Elisa wieder gen Gilgal kam, ward Teuerung im Lande, und die Kinder der Propheten wohnten vor ihm. Und er sprach zu seinem Diener: Setze zu einen großen Topf und koche ein Gemüse für die Kinder der Propheten!

39 Da ging einer aufs Feld, daß er Kraut läse, und fand wilde Ranken und las davon Koloquinten sein Kleid voll; und da er kam, schnitt er's in den Topf zum Gemüse, denn sie kannten es nicht.

40 Und da sie es ausschütteten für die Männer, zu essen, und sie von dem Gemüse aßen, schrieen sie und sprachen: O Mann Gottes, der Tod im Topf! denn sie konnten es nicht essen.

41 Er aber sprach: Bringt Mehl her! Und er tat's in den Topf und sprach: Schütte es dem Volk vor, daß sie essen! Da war nichts Böses in dem Topf.

42 Es kam aber ein Mann von Baal-Salisa und brachte dem Mann Gottes Erstlingsbrot, nämlich zwanzig Gerstenbrote, und neues Getreide in seinem Kleid. Er aber sprach: Gib's dem Volk, daß sie essen!

43 Sein Diener sprach: Wie soll ich hundert Mann von dem geben? Er sprach: Gib dem Volk, daß sie essen! Denn so spricht der HERR: Man wird essen, und es wird übrigbleiben.

44 Und er legte es ihnen vor, daß sie aßen; und es blieb noch übrig nach dem Wort des HERRN.

5. Kapitel

Reich Israel. Elisa heilt den aussätzigen Naeman von Syrien und bestraft den Gehasi wegen seines Geizes mit dem Aussatz.

1 Naeman, der Feldhauptmann des Königs von Syrien, war ein trefflicher Mann vor seinem Herrn und hoch gehalten; denn durch ihn gab der HERR Heil in Syrien. Und er war ein gewaltiger Mann, und aussätzig.

2 Die Kriegsleute aber in Syrien waren herausgefallen und hatten eine junge Dirne weggeführt aus dem Lande Israel; die war im

Dienst des Weibes Naemans.

3 Die sprach zu ihrer Frau: Ach, daß mein Herr wäre bei dem Propheten zu Samaria! der würde ihn von seinem Aussatz losmachen.

4 Da ging er hinein zu seinem Herrn und sagte es ihm an und sprach: So und so hat die Dirne aus dem Lande Israel geredet.

5 Der König von Syrien sprach: So zieh hin, ich will dem König Israels einen Brief schreiben. Und er zog hin und nahm mit sich zehn Zentner Silber und sechstausend Goldgulden und zehn Feierkleider

6 und brachte den Brief dem König Israels, der lautete also: Wenn dieser Brief zu dir kommt, siehe, so wisse, ich habe meinen Knecht Naeman zu dir gesandt, daß du ihn von seinem Aussatz losmachst.

7 Und da der König Israels den Brief las, zerriß er seine Kleider und sprach: Bin ich denn Gott, daß ich töten und lebendig machen könnte, daß er zu mir schickt, daß ich den Mann von seinem Aussatz losmache? Merkt und seht, wie sucht er Ursache wider mich!

8 Da das Elisa, der Mann Gottes, hörte, daß der König seine Kleider zerrissen hatte, sandte er zu ihm und ließ ihm sagen: Warum hast du deine Kleider zerrissen? Laß ihn zu mir kommen, daß er innewerde, daß ein Prophet in Israel ist.

9 Also kam Naeman mit Rossen und Wagen und hielt vor der Tür am Hause Elisas.

10 Da sandte Elisa einen Boten zu ihm und ließ

ihm sagen: Gehe hin und wasche dich siebenmal im Jordan, so wird dir dein Fleisch wieder erstattet und rein werden.

11 Da erzürnte Naeman und zog weg und sprach: Ich meinte, er sollte zu mir herauskommen und hertreten und den Namen des HERRN, seines Gottes, anrufen und mit seiner Hand über die Stätte fahren und den Aussatz also abtun.

12 Sind nicht die Wasser Amana und Pharphar zu Damaskus besser denn alle Wasser in Israel, daß ich mich darin wüsche und rein würde? Und wandte sich und zog weg mit Zorn.

13 Da machten sich seine Knechte zu ihm, redeten mit ihm und sprachen: Lieber Vater, wenn dich der Prophet etwas Großes hätte geheißen, solltest du es nicht tun? Wie viel mehr, so er zu dir sagt: Wasche dich, so wirst du rein!

14 Da stieg er ab und taufte sich im Jordan siebenmal, wie der Mann Gottes geredet hatte; und sein Fleisch ward wieder erstattet wie das Fleisch eines jungen Knaben, und er ward rein.

15 Und er kehrte wieder zu dem Mann Gottes samt seinem ganzen Heer. Und da er hineinkam, trat er vor ihn und sprach: Siehe, ich weiß, daß kein Gott ist in allen Landen, außer in Israel; so nimm nun den Segen von deinem Knecht.

16 Er aber sprach: So wahr der HERR lebt, vor dem ich stehe, ich nehme es nicht. Und er nötigte ihn, daß er's nähme; aber er wollte nicht.

17 Da sprach Naeman: Möchte deinem Knecht

nicht gegeben werden dieser Erde Last, soviel zwei Maultiere tragen? Denn dein Knecht will nicht mehr andern Göttern opfern und Brandopfer tun, sondern dem HERRN.

18 Nur darin wolle der HERR deinem Knecht gnädig sein: wo ich anbete im Hause Rimmons, wenn mein Herr ins Haus Rimmons geht, daselbst anzubeten, und er sich an meine Hand lehnt.

19 Er sprach zu ihm: Zieh hin mit Frieden! Und als er von ihm weggezogen war ein Feld Wegs auf dem Lande,

20 gedachte Gehasi, der Diener Elisas, des Mannes Gottes: Siehe, mein Herr hat diesen Syrer Naeman verschont, daß er nichts von ihm hat genommen, das er gebracht hat. So wahr der HERR lebt, ich will ihm nachlaufen und etwas von ihm nehmen.

21 Also jagte Gehasi dem Naeman nach. Und da Naeman sah, daß er ihm nachlief, stieg er vom Wagen ihm entgegen und sprach: Steht es wohl?

22 Er sprach: Ja. Aber mein Herr hat mich gesandt und läßt dir sagen: Siehe, jetzt sind zu mir gekommen vom Gebirge Ephraim zwei Jünglinge aus der Propheten Kinder; gib ihnen einen Zentner Silber und zwei Feierkleider!

23 Naeman sprach: Nimm lieber zwei Zentner! Und nötigte ihn und band zwei Zentner Silber in zwei Beutel und zwei Feierkleider und gab's zweien seiner Diener; die trugen's vor ihm her.

24 Und da er kam an den Hügel, nahm er's von ihren Händen und legte es beiseit im Hause und ließ die Männer gehen.

25 Und da sie weg waren, trat er vor seinen Herrn. Und Elisa sprach zu ihm: Woher, Gehasi? Er sprach: Dein Knecht ist weder hierher noch daher gegangen.

26 Er aber sprach zu ihm: Ist nicht mein Herz mitgegangen, da der Mann umkehrte von seinem Wagen dir entgegen? war das die Zeit, Silber und Kleider zu nehmen, Ölgärten, Weinberge, Schafe, Rinder, Knechte und Mägde?

27 Aber der Aussatz Naeman wird dir anhangen und deinem Samen ewiglich. Da ging er von ihm hinaus aussätzig wie Schnee.

6. Kapitel

Reich Israel. Elisa macht ein Eisen schwimmend.
Die Syrer werden mit Blindheit geschlagen.
Hungersnot in Samaria.

1 Die Kinder der Propheten sprachen zu Elisa: Siehe, der Raum, da wir vor dir wohnen, ist uns zu enge.

2 Laß uns an den Jordan gehen und einen jeglichen daselbst Holz holen, daß wir uns daselbst eine Stätte bauen, da wir wohnen. Er sprach: Gehet hin!

3 Und einer sprach: Gehe lieber mit deinen Knechten! Er sprach: Ich will mitgehen.

4 Und er kam mit ihnen. Und da sie an den Jordan kamen hieben sie Holz ab.

5 Und da einer sein Holz fällte, fiel das Eisen ins Wasser. Und er schrie und sprach: O weh, mein Herr! dazu ist's entlehnt.

6 Aber der Mann Gottes sprach: Wo ist's entfallen? Und da er ihm den Ort zeigte, schnitt er ein Holz ab und stieß es dahin. Da schwamm das Eisen.

7 Und er sprach: Heb's auf! da reckte er seine Hand aus und nahm's.

8 Und der König von Syrien führte einen Krieg wider Israel und beratschlagte sich mit seinen Knechten und sprach: Wir wollen uns lagern da und da.

9 Aber der Mann Gottes sandte zum König Israels und ließ ihm sagen: Hüte dich, daß du nicht an dem Ort vorüberziehst; denn die Syrer ruhen daselbst.

10 So sandte denn der König Israels hin an den Ort, den ihm der Mann Gottes gesagt und vor dem er ihn gewarnt hatte, und war daselbst auf der Hut; und tat das nicht einmal oder zweimal allein.

11 Da ward das Herz des Königs von Syrien voll Unmuts darüber, und er rief seine Knechte und sprach zu ihnen: Wollt ihr mir denn nicht ansagen: Wer von den Unsern hält es mit dem König Israels?

12 Da sprach seiner Knechte einer: Nicht also, mein Herr König; sondern Elisa, der Prophet in Israel, sagt alles dem König Israels, was du in der Kammer redest, da dein Lager ist.

13 Er sprach: So gehet hin und sehet, wo er ist, daß ich hinsende und lasse ihn holen. Und sie zeigten ihm an und sprachen: Siehe, er ist zu Dothan.

14 Da sandte er hin Rosse und Wagen und eine große Macht. Und da sie bei der Nacht hinkamen, umgaben sie die Stadt.

15 Und der Diener des Mannes Gottes stand früh auf, daß er sich aufmachte und auszöge; und siehe, da lag eine Macht um die Stadt mit Rossen und Wagen. Da sprach sein Diener zu ihm: O weh, mein Herr! wie wollen wir nun tun?

16 Er sprach: Fürchte dich nicht! denn derer ist mehr, die bei uns sind, als derer, die bei ihnen sind.

17 Und Elisa betete und sprach: HERR, öffne ihm die Augen, daß er sehe! Da öffnete der HERR dem Diener die Augen, daß er sah; und siehe, da war der Berg voll feuriger Rosse und Wagen um Elisa her.

18 Und da sie zu ihm hinabkamen, bat Elisa und sprach: HERR, schlage dies Volk mit Blindheit! Und er schlug sie mit Blindheit nach dem Wort Elisas.

19 Und Elisa sprach zu Ihnen: Dies ist nicht der Weg noch die Stadt. Folget mir nach! ich will euch führen zu dem Mann, den ihr sucht. Und er

führte sie gen Samaria.

20 Und da sie gen Samaria kamen, sprach Elisa: HERR, öffne diesen die Augen, daß sie sehen! Und der HERR öffnete ihnen die Augen, daß sie sahen; und siehe, da waren sie mitten in Samaria.

21 Und der König Israels, da er sie sah, sprach er zu Elisa: Mein Vater, soll ich sie schlagen?

22 Er sprach: Du sollst sie nicht schlagen. Schlägst du denn die, welche du mit deinem Schwert und Bogen gefangen hast? Setze ihnen Brot und Wasser vor, daß sie essen und trinken, und laß sie zu ihrem Herrn ziehen!

23 Da ward ein großes Mahl zugerichtet. Und da sie gegessen und getrunken hatten, ließ er sie gehen, daß sie zu ihrem Herrn zogen. Seit dem kamen streifende Rotten der Syrer nicht mehr ins Land Israel.

24 Nach diesem begab sich's, daß Benhadad, der König von Syrien all sein Heer versammelte und zog herauf und belagerte Samaria.

25 Und es ward eine große Teuerung zu Samaria. Sie aber belagerten die Stadt, bis daß ein Eselskopf achtzig Silberlinge und ein viertel Kab Taubenmist fünf Silberlinge galt.

26 Und da der König Israels an der Mauer einherging, schrie ihn ein Weib an und sprach: Hilf mir, Mein König!

27 Er sprach: Hilft dir der HERR nicht, woher soll ich dir helfen? von der Tenne oder der Kelter?

28 Und der König sprach zu Ihr: Was ist dir? Sie sprach: Dies Weib sprach zu mir: Gib deinen Sohn her, daß wir heute essen; morgen wollen wir meinen Sohn essen.

29 So haben wir meinen Sohn gekocht und gegessen. Und ich sprach zu ihr am andern Tage: Gib deinen Sohn her und laß uns essen! Aber sie hat ihren Sohn versteckt.

30 Da der König die Worte des Weibes hörte, zerriß er seine Kleider, indem er auf der Mauer ging. Da sah alles Volk, daß er darunter einen Sack am Leibe anhatte.

31 Und er sprach: Gott tue mir dies und das, wo das Haupt Elisas, des Sohnes Saphats, heute auf ihm stehen wird!

32 Elisa aber saß in seinem Hause, und alle Ältesten saßen bei ihm. Und der König sandte einen Mann vor sich her. Aber ehe der Bote zu ihm kam, sprach er zu den Ältesten: Habt ihr gesehen, wie dies Mordkind hat hergesandt, daß er mein Haupt abreiße? Sehet zu, wenn der Bote kommt, daß ihr die Tür zuschließt und stoßt ihn mit der Tür weg! Siehe, das Rauschen der Füße seines Herrn folgt ihm nach.

33 Da er noch also mit ihnen redete, siehe, da kam der Bote zu ihm hinab; und er sprach: Siehe, solches Übel kommt von dem HERRN! was soll ich mehr von dem HERRN erwarten?

7. Kapitel

Elisa verkündigt auf den andern Tag wohlfeile Zeit in Samaria, welche nach der vom Herrn wunderbar bewirkten Flucht der Syrer erfolgt.

1 Elisa aber sprach: Höret des HERRN Wort! So spricht der HERR: Morgen um diese Zeit wird ein Scheffel Semmelmehl einen Silberling gelten und zwei Scheffel Gerste einen Silberling unter dem Tor zu Samaria.

2 Da antwortete der Ritter, auf dessen Hand sich der König lehnte, dem Mann Gottes und sprach: Und wenn der HERR Fenster am Himmel machte, wie könnte solches geschehen? Er sprach: Siehe da, mit deinen Augen wirst du es sehen, und nicht davon essen!

3 Und es waren vier aussätzige Männer an der Tür vor dem Tor; und einer sprach zum andern: Was wollen wir hier bleiben, bis wir sterben?

4 Wenn wir gleich gedächten, in die Stadt zu kommen, so ist Teuerung in der Stadt, und wir müßten doch daselbst sterben; bleiben wir aber hier, so müssen wir auch sterben. So laßt uns nun hingehen und zu dem Heer der Syrer fallen. Lassen sie uns leben, so leben wir; töten sie uns, so sind wir tot.

5 Und sie machten sich in der Frühe auf, daß sie zum Heer der Syrer kämen. Und da sie vorn an den Ort des Heeres kamen, siehe, da war niemand.

6 Denn der HERR hatte die Syrer lassen hören ein Geschrei von Rossen, Wagen und großer Heereskraft, daß sie untereinander sprachen: Siehe, der König Israels hat wider uns gedingt die Könige der Hethiter und die Könige der Ägypter, daß sie über uns kommen sollen.

7 Und sie machten sich auf und flohen in der Frühe und ließen ihre Hütten, Rosse und Esel im Lager, wie es stand, und flohen mit ihrem Leben davon.

8 Als nun die Aussätzigen an den Ort kamen, gingen sie in der Hütten eine, aßen und tranken und nahmen Silber, Gold und Kleider und gingen hin und verbargen es und kamen wieder und gingen in eine andere Hütte und nahmen daraus und gingen hin und verbargen es.

9 Aber einer sprach zum andern: Laßt uns nicht also tun; dieser Tag ist ein Tag guter Botschaft. Wo wir das verschweigen und harren, bis daß es lichter Morgen wird, wird unsre Missetat gefunden werden; so laßt uns nun hingehen, daß wir kommen und es ansagen dem Hause des Königs.

10 Und da sie kamen, riefen sie am Tor der Stadt und sagten es ihnen an und sprachen: Wir sind zum Lager der Syrer gekommen, und siehe, es ist niemand da und keine Menschenstimme, sondern Rosse und Esel angebunden und die Hütten, wie sie stehen.

11 Da rief man den Torhütern zu, daß sie es drinnen ansagten im Hause des Königs.

12 Und der König stand auf in der Nacht und sprach zu seinen Knechten: Laßt euch sagen, wie die Syrer mit uns umgehen. Sie wissen, daß wir Hunger leiden, und sind aus dem Lager gegangen, daß sie sich im Felde verkröchen, und denken: Wenn sie aus der Stadt gehen, wollen wir sie lebendig greifen und in die Stadt kommen.

13 Da antwortete seiner Knechte einer und sprach: Man nehme fünf Rosse von denen, die noch drinnen sind übriggeblieben. Siehe, es wird ihnen gehen, wie aller Menge Israels, so drinnen übriggeblieben oder schon dahin ist. Die laßt uns senden und sehen.

14 Da nahmen sie zwei Wagen mit Rossen, und der König sandte sie dem Heere der Syrer nach und sprach: Ziehet hin und sehet!

15 Und da sie ihnen nachzogen bis an den Jordan, siehe, da lag der Weg voll Kleider und Geräte, welche die Syrer von sich geworfen hatten, da sie eilten. Und da die Boten wiederkamen und sagten es dem König an,

16 ging das Volk hinaus und beraubte das Lager der Syrer. Und es galt ein Scheffel Semmelmehl einen Silberling und zwei Scheffel Gerste auch einen Silberling nach dem Wort des HERRN.

17 Aber der König bestellte den Ritter, auf dessen Hand er sich lehnte, unter das Tor. Und das Volk zertrat ihn im Tor, daß er starb, wie der Mann Gottes geredet hatte, da der König zu ihm

hinabkam.

18 Und es geschah, wie der Mann Gottes dem König gesagt hatte, da er sprach: Morgen um diese Zeit werden zwei Scheffel Gerste einen Silberling gelten und ein Scheffel Semmelmehl einen Silberling unter dem Tor zu Samaria,

19 und der Ritter dem Mann Gottes antwortete und sprach: Siehe, wenn der HERR Fenster am Himmel machte, wie möchte solches geschehen? Er aber sprach: Siehe, mit deinen Augen wirst du es sehen, und wirst nicht davon essen!

20 Und es ging ihm eben also; denn das Volk zertrat ihn im Tor, daß er starb.

8. Kapitel

Siebenjährige Teuerung. Die Sunamitin, Hasael König in Syrien, Reich Juda. Die Könige Joram und Ahasja.

1 Elisa redete mit dem Weibe, dessen Sohn er hatte lebendig gemacht, und sprach: Mache dich auf und gehe hin mit deinem Hause und wohne in der Fremde, wo du kannst; denn der HERR wird eine Teuerung rufen, die wird ins Land kommen sieben Jahre lang.

2 Das Weib machte sich auf und tat, wie der Mann Gottes sagte, und zog hin mit ihrem Hause und wohnte in der Philister Land sieben Jahre.

3 Da aber die sieben Jahre um waren, kam das

Weib wieder aus der Philister Land; und sie ging aus, den König anzurufen um ihr Haus und ihren Acker.

4 Der König aber redete mit Gehasi, dem Diener des Mannes Gottes, und sprach: Erzähle mir alle großen Taten, die Elisa getan hat!

5 Und indem er dem König erzählte, wie er hätte einen Toten lebendig gemacht, sieh, da kam eben das Weib, dessen Sohn er hatte lebendig gemacht, und rief den König an um ihr Haus und ihren Acker. Da sprach Gehasi: Mein Herr König, dies ist das Weib, und dies ist der Sohn, den Elisa hat lebendig gemacht.

6 Und der König fragte das Weib; und sie erzählte es ihm. Da gab ihr der König einen Kämmerer und sprach: Schaffe ihr wieder alles, was ihr gehört; dazu alles Einkommen des Ackers, seit der Zeit, daß sie das Land verlassen hat, bis hierher!

7 Und Elisa kam gen Damaskus. Da lag Benhadad, der König von Syrien, krank; und man sagte es ihm an und sprach: Der Mann Gottes ist hergekommen.

8 Da sprach der König zu Hasael: Nimm Geschenke zu dir und gehe dem Mann Gottes entgegen und frage den HERRN durch ihn und sprich, ob ich von dieser Krankheit möge genesen.

9 Hasael ging ihm entgegen und nahm Geschenke mit sich und allerlei Güter zu Damaskus, eine Last für vierzig Kamele. Und da

er kam, trat er vor ihn und sprach: Dein Sohn Benhadad, der König von Syrien, hat mich zu dir gesandt und läßt dir sagen: Kann ich auch von dieser Krankheit genesen?

10 Elisa sprach zu ihm: Gehe hin und sage ihm: Du wirst genesen! Aber der HERR hat mir gezeigt, daß er des Todes sterben wird.

11 Und der Mann Gottes schaute ihn starr und lange an und weinte.

12 Da sprach Hasael: Warum weint mein Herr? Er sprach: Ich weiß, was für Übel du den Kindern Israel tun wirst: du wirst ihre festen Städte mit Feuer verbrennen und ihre junge Mannschaft mit dem Schwert erwürgen und ihre jungen Kinder töten und ihre schwangeren Weiber zerhauen.

13 Hasael sprach: Was ist dein Knecht, der Hund, daß er solch großes Ding tun sollte? Elisa sprach: Der HERR hat mir gezeigt, daß du König von Syrien sein wirst.

14 Und er ging weg von Elisa und kam zu seinem Herrn; der sprach zu ihm: Was sagte dir Elisa? Er sprach: Er sagte mir: Du wirst genesen.

15 Des andern Tages aber nahm er die Bettdecke und tauchte sie in Wasser und breitete sie über sein Angesicht; da starb er, und Hasael ward König an seiner Statt.

16 Im fünften Jahr Jorams, des Sohnes Ahabs, des Königs in Israel, ward Joram, der Sohn Josaphats, König in Juda.

17 Zweiunddreißig Jahre alt war er, da er König

ward. Und er regierte acht Jahre zu Jerusalem

18 und wandelte auf dem Wege der Könige Israels, wie das Haus Ahab tat; denn Ahabs Tochter war sein Weib. Und er tat, was dem HERRN übel gefiel;

19 aber der HERR wollte Juda nicht verderben um seines Knechtes David willen, wie er ihm verheißen hatte, ihm zu geben eine Leuchte unter seinen Kindern immerdar.

20 Zu seiner Zeit fielen die Edomiter ab von Juda und machten einen König über sich.

21 Da zog Joram gen Zair und alle Wagen mit ihm und machte sich des Nachts auf und schlug die Edomiter, die um ihn her waren, dazu die Obersten über die Wagen, daß das Volk floh in seine Hütten.

22 Doch blieben die Edomiter abtrünnig von Juda bis auf diesen Tag. Auch fiel zur selben Zeit ab Libna.

23 Was aber mehr von Joram zu sagen ist und alles, was er getan hat, siehe, das ist geschrieben in der Chronik der Könige Juda's.

24 Und Joram entschlief mit seinen Vätern in der Stadt Davids. Und Ahasja, sein Sohn, ward König an seiner Statt.

25 Im zwölften Jahr Jorams, des Sohnes Ahabs, des Königs Israels, ward Ahasja, der Sohn Jorams, König in Juda.

26 Zweiundzwanzig Jahre alt war Ahasja, da er König ward, und regierte ein Jahr zu Jerusalem. Seine Mutter hieß Athalja, eine Tochter Omris,

des Königs Israels.

27 Und er wandelte auf dem Wege des Hauses Ahab und tat, was dem HERRN übel gefiel, wie das Haus Ahab; denn er war Schwager im Hause Ahab.

28 Und er zog mit Joram, dem Sohn Ahabs, in den Streit wider Hasael, den König von Syrien gen Ramoth in Gilead; aber die Syrer schlugen Joram.

29 Da kehrte Joram, der König, um, daß er sich heilen ließ zu Jesreel von den Wunden, die ihm die Syrer geschlagen hatten zu Rama, da er mit Hasael, dem König von Syrien, stritt. Und Ahasja, der Sohn Jorams, der König Juda's, kam hinab, zu besuchen Joram, den Sohn Ahabs, zu Jesreel; denn er lag krank.

9. Kapitel

Reich Israel. Jehu zum König gesalbt, tötet Joram, Jahasi und Isebel.

1 Elisa aber, der Prophet, rief der Propheten Kinder einen und sprach zu ihm: Gürte deine Lenden und nimm diesen Ölkrug mit dir und gehe hin gen Ramoth in Gilead.

2 Und wenn du dahin kommst, wirst du daselbst sehen Jehu, den Sohn Josaphats, des Sohnes Nimsis. Und gehe hinein und heiß ihn aufstehen unter seinen Brüdern und führe ihn in die

innerste Kammer

3 und nimm den Ölkrug und schütte es auf sein Haupt und sprich: So sagt der HERR: Ich habe dich zum König über Israel gesalbt. Und sollst die Tür auftun und fliehen und nicht verziehen.

4 Und der Jüngling, der Diener des Propheten, ging hin gen Ramoth in Gilead.

5 Und da er hineinkam, siehe, da saßen die Hauptleute des Heeres. Und er sprach: Ich habe dir, Hauptmann, was zu sagen. Jehu sprach: Welchem unter uns allen? Er sprach: Dir, Hauptmann.

6 Da stand er auf und ging hinein. Er aber schüttete das Öl auf sein Haupt und sprach zu ihm: So sagt der HERR, der Gott Israels: Ich habe dich zum König gesalbt über das Volk Israel.

7 Und du sollst das Haus Ahabs, deines Herrn, schlagen, daß ich das Blut der Propheten, meiner Knechte, und das Blut aller Knechte des HERRN räche, das die Hand Isebels vergossen hat,

8 daß das ganze Haus Ahab umkomme. Und ich will von Ahab ausrotten, was männlich ist, den Verschlossenen und Verlassenen in Israel,

9 und will das Haus Ahabs machen wie das Haus Jerobeams, des Sohnes Nebats, und wie das Haus Baesas, des Sohnes Ahias.

10 Und die Hunde sollen Isebel fressen auf dem Acker zu Jesreel, und soll sie niemand begraben. Und er tat die Tür auf und floh.

11 Und da Jehu herausging zu den Knechten

seines Herrn, sprach man zu ihm: Steht es wohl? Warum ist dieser Rasende zu dir gekommen? Er sprach zu ihnen: Ihr kennt doch den Mann wohl und was er sagt.

12 Sie sprachen: Das ist nicht wahr; sage es uns aber an! Er sprach: So und so hat er mir geredet und gesagt: So spricht der HERR: Ich habe dich zum König gesalbt.

13 Da eilten sie und nahm ein jeglicher sein Kleid und legte unter ihn auf die hohen Stufen und bliesen mit der Posaune und sprachen: Jehu ist König geworden!

14 Also machte Jehu, der Sohn Nimsis, einen Bund wider Joram. Joram aber hatte mit ganz Israel vor Ramoth in Gilead gelegen wider Hasael, den König von Syrien.

15 Und Joram der König war wiedergekommen, daß er sich heilen ließ zu Jesreel von den Wunden, die ihm die Syrer geschlagen hatten, da er stritt mit Hasael, dem König von Syrien. Und Jehu sprach: Ist's euer Wille, so soll niemand entrinnen aus der Stadt, daß er hingehe und es ansage zu Jesreel.

16 Und er fuhr und zog gen Jesreel, denn Joram lag daselbst; so war Ahasja, der König Juda's, hinabgezogen, Joram zu besuchen.

17 Der Wächter aber, der auf dem Turm zu Jesreel stand, sah den Haufen Jehus kommen und sprach: Ich sehe einen Haufen. Da sprach Joram: Nimm einen Reiter und sende ihnen entgegen und sprich: Ist's Friede?

18 Und der Reiter ritt hin ihm entgegen und sprach: So sagt der König: Ist's Friede? Jehu sprach: Was geht dich der Friede an? Wende dich hinter mich! Der Wächter verkündigte und sprach: Der Bote ist zu ihnen gekommen und kommt nicht wieder.

19 Da sandte er einen andern Reiter. Da der zu ihnen kam, sprach er: So spricht der König: Ist's Friede? Jehu sprach: Was geht dich der Friede an? Wende dich hinter mich!

20 Das verkündigte der Wächter und sprach: Er ist zu ihnen gekommen und kommt nicht wieder. Und es ist ein Treiben wie das Treiben Jehus, des Sohnes Nimsis; denn er treibt, wie wenn er unsinnig wäre.

21 Da sprach Joram: Spannt an! Und man spannte seinen Wagen an. Und sie zogen aus, Joram, der König Israels, und Ahasja, der König Juda's, ein jeglicher auf seinem Wagen, daß sie Jehu entgegenkämen; und sie trafen ihn auf dem Acker Naboths, des Jesreeliten.

22 Und da Joram Jehu sah, sprach er: Jehu, ist's Friede? Er aber sprach: Was Friede? Deiner Mutter Isebel Abgötterei und Zauberei wird immer größer.

23 Da wandte Joram seine Hand und floh und sprach zu Ahasja: Es ist Verräterei, Ahasja!

24 Aber Jehu faßte den Bogen und schoß Joram zwischen die Arme, daß sein Pfeil durch sein Herz ausfuhr, und er fiel in seinen Wagen.

25 Und er sprach zu seinem Ritter Bidekar:

Nimm und wirf ihn auf den Acker Naboths, des Jesreeliten! Denn ich gedenke, daß du mit mir auf einem Wagen seinem Vater Ahab nachfuhrst, da der HERR solchen Spruch über ihn tat:

26 Was gilt's (sprach der HERR), ich will dir das Blut Naboths und seiner Kinder, das ich gestern sah, vergelten auf diesem Acker. So nimm nun und wirf ihn auf den Acker nach dem Wort des HERRN.

27 Da das Ahasja, der König Juda's, sah, floh er des Weges zum Hause des Gartens. Jehu aber jagte ihm nach und hieß ihn auch schlagen in dem Wagen auf der Höhe Gur, die bei Jibleam liegt. Und er floh gen Megiddo und starb daselbst.

28 Und seine Knechte ließen ihn führen gen Jerusalem und begruben ihn in seinem Grabe mit seinen Vätern in der Stadt Davids.

29 Ahasja aber regierte über Juda im elften Jahr Jorams, des Sohnes Ahabs.

30 Und da Jehu gen Jesreel kam und Isebel das erfuhr, schminkte sie ihr Angesicht und schmückte ihr Haupt und guckte zum Fenster hinaus.

31 Und da Jehu unter das Tor kam, sprach sie: Ist's Simri wohl gegangen, der seinen Herrn erwürgte?

32 Und er hob sein Angesicht auf zum Fenster und sprach: Wer hält's hier mit mir? Da sahen zwei oder drei Kämmerer zu ihm heraus.

33 Er sprach: Stürzt sie herab! und sie stürzten sie herab, daß die Wand und die Rosse mit ihrem Blut besprengt wurden, und sie ward zertreten.

34 Und da er hineinkam und gegessen und getrunken hatte, sprach er: Sehet doch nach der Verfluchten und begrabet sie; denn sie ist eines Königs Tochter!

35 Da sie aber hingingen, sie zu begraben, fanden sie nichts von ihr denn den Schädel und die Füße und ihre flachen Hände.

36 Und sie kamen wieder und sagten's ihm an. Er aber sprach: Es ist, was der HERR geredet hat durch seinen Knecht Elia, den Thisbiter, und gesagt: Auf dem Acker Jesreel sollen die Hunde der Isebel Fleisch fressen;

37 und das Aas Isebels soll wie Kot auf dem Felde sein im Acker Jesreels, daß man nicht sagen könne: Das ist Isebel.

10. Kapitel

Jehu rottete das Haus Ahabs aus,
befreundet sich mit Jonadab, vertilgt den Baalsdienst,
aber nicht den sonstigen Götzendienst.

1 Ahab aber hatte siebzig Söhne zu Samaria. Und Jehu schrieb Briefe und sandte sie gen Samaria, zu den Obersten der Stadt (Jesreel), zu den Ältesten und Vormündern Ahabs, die

lauteten also:

2 Wenn dieser Brief zu euch kommt, bei denen eures Herrn Söhne sind und Wagen, Rosse, feste Städte und Rüstung,

3 so sehet, welcher der Beste und geschickteste sei unter den Söhnen eures Herrn, und setzet ihn auf seines Vaters Stuhl und streitet für eures Herrn Haus.

4 Sie aber fürchteten sich gar sehr und sprachen: Siehe, zwei Könige konnten ihm nicht widerstehen; wie wollen wir denn stehen?

5 Und die über das Haus und über die Stadt waren und die Ältesten und Vormünder sandten hin zu Jehu und ließen ihm sagen: Wir sind deine Knechte: wir wollen alles tun, was du uns sagst; wir wollen niemand zum König machen. Tue was dir gefällt.

6 Da schrieb er den andern Brief an sie, der lautete also: So ihr mein seid und meiner Stimme gehorcht, so nehmet die Häupter von den Männern, eures Herrn Söhnen, und bringt sie zu mir morgen um diese Zeit gen Jesreel. (Der Söhne aber des Königs waren siebzig Mann, und die Größten der Stadt zogen sie auf.)

7 Da nun der Brief zu ihnen kam, nahmen sie des Königs Söhne und schlachteten die siebzig Männer und legten ihre Häupter in Körbe und schickten sie zu ihm gen Jesreel.

8 Und da der Bote kam und sagte es ihm an und sprach: Sie haben die Häupter der Königskinder gebracht, sprach er: Legt sie auf zwei Haufen vor

die Tür am Tor bis morgen.

9 Und des Morgens, da er ausging, trat er dahin und sprach zu allem Volk: Ihr seid ja gerecht. Siehe, habe ich wider meinen Herrn einen Bund gemacht und ihn erwürgt, wer hat denn diese alle geschlagen?

10 So erkennet ihr ja, daß kein Wort des HERRN ist auf die Erde gefallen, das der HERR geredet hat wider das Haus Ahab; und der HERR hat getan, wie er geredet hat durch seinen Knecht Elia.

11 Also schlug Jehu alle übrigen vom Hause Ahab zu Jesreel, alle seine Großen, seine Verwandten und seine Priester, bis daß ihm nicht einer übrigblieb;

12 und machte sich auf, zog hin und kam gen Samaria. Unterwegs aber war ein Hirtenhaus.

13 Da traf Jehu an die Brüder Ahasjas, des Königs Juda's, und sprach: Wer seid ihr? Sie sprachen: Wir sind Brüder Ahasjas und ziehen hinab, zu grüßen des Königs Kinder und der Königin Kinder.

14 Er aber sprach: Greifet sie lebendig! Und sie griffen sie lebendig und schlachteten sie bei dem Brunnen am Hirtenhaus, zweiundvierzig Mann, und ließen nicht einen von ihnen übrig.

15 Und da er von dannen zog, fand er Jonadab, den Sohn Rechabs, der ihm begegnete. Und er grüßte ihn und sprach zu ihm: Ist dein Herz richtig wie mein Herz mit deinem Herzen? Jonadab sprach: Ja. Ist's also, so gib mir deine

Hand! Und er gab ihm seine Hand! Und er ließ ihn zu sich auf den Wagen sitzen

16 und sprach: Komm mit mir und siehe meinen Eifer um den HERRN! Und sie führten ihn mit ihm auf seinem Wagen.

17 Und da er gen Samaria kam, schlug er alles, was übrig war von Ahab zu Samaria, bis daß er ihn vertilgte nach dem Wort des HERRN, das er zu Elia geredet hatte.

18 Und Jehu versammelt alles Volk und ließ ihnen sagen: Ahab hat Baal wenig gedient; Jehu will ihm besser dienen.

19 So laßt nun rufen alle Propheten Baals, alle seine Knechte und alle seine Priester zu mir, daß man niemand vermisse; denn ich habe ein großes Opfer dem Baal zu tun. Wen man vermissen wird, der soll nicht leben. Aber Jehu tat solches mit Hinterlist, daß er die Diener Baals umbrächte.

20 Und Jehu sprach: Heiligt dem Baal das Fest! Und sie ließen es ausrufen.

21 Auch sandte Jehu in ganz Israel und ließ alle Diener Baals kommen, daß niemand übrig war, der nicht gekommen wäre. Und sie gingen in das Haus Baals, daß das Haus Baals voll ward an allen Enden.

22 Da sprach er zu denen, die über das Kleiderhaus waren: Bringet allen Dienern Baals Kleider heraus! Und sie brachten die Kleider heraus.

23 Und Jehu ging in das Haus Baal mit Jonadab,

dem Sohn Rechabs, und sprach zu den Dienern Baals: Forschet und sehet zu, daß nicht hier unter euch sei jemand von des HERRN Dienern, sondern Baals Diener allein!

24 Und da sie hineinkamen Opfer und Brandopfer zu tun, bestellte sich Jehu außen achtzig Mann und sprach: Wenn der Männer jemand entrinnt, die ich unter eure Hände gebe, so soll für seine Seele dessen Seele sein.

25 Da er nun die Brandopfer vollendet hatte, sprach Jehu zu den Trabanten und Rittern: Geht hinein und schlagt jedermann; laßt niemand herausgehen! Und sie schlugen sie mit der Schärfe des Schwerts. Und die Trabanten und Ritter warfen sie weg und gingen zur Stadt des Hauses Baals

26 und brachte heraus die Säulen in dem Hause Baal und verbrannten sie

27 und zerbrachen die Säule Baals samt dem Hause Baals und machten heimliche Gemächer daraus bis auf diesen Tag.

28 Also vertilgte Jehu den Baal aus Israel;

29 aber von den Sünden Jerobeams, des Sohnes Nebats, der Israel sündigen machte, ließ Jehu nicht, von den goldenen Kälbern zu Beth-El und zu Dan.

30 Und der HERR sprach zu Jehu: Darum, daß du willig gewesen bist zu tun, was mir gefallen hat, und hast am Hause Ahab getan alles, was in meinem Herzen war, sollen dir auf dem Stuhl Israels sitzen deine Kinder ins vierte Glied.

31 Aber doch hielt Jehu nicht, daß er im Gesetz des HERRN, des Gottes Israels, wandelte von ganzem Herzen; denn er ließ nicht von den Sünden Jerobeams, der Israel hatte sündigen gemacht.

32 Zur selben Zeit fing der HERR an, Israel zu mindern; denn Hasael schlug sie in allen Grenzen Israels,

33 vom Jordan gegen der Sonne Aufgang, das Land Gilead der Gaditer, Rubeniter und Manassiter, von Aroer an, das am Bach Arnon liegt, so Gilead wie Basan.

34 Was aber mehr von Jehu zu sagen ist und alles, was er getan hat, und alle seine Macht, siehe, das ist geschrieben in der Chronik der Könige Israels.

35 Und Jehu entschlief mit seinen Vätern, und sie begruben ihn zu Samaria. Und Joahas, sein Sohn, ward König an seiner Statt.

36 Die Zeit aber, die Jehu über Israel regiert hat zu Samaria, sind achtundzwanzig Jahre.

11. Kapitel

Reich Juda. Tyrannei der Athalja. Joas wird König; Athalja getötet.

1 Athalja aber, Ahasjas Mutter, da sie sah, daß ihr Sohn tot war, machte sie sich auf und brachte um alle aus dem königlichen Geschlecht.

2 Aber Joseba, die Tochter des Königs Joram, Ahasjas Schwester, nahm Joas, den Sohn Ahasjas, und stahl ihn aus des Königs Kinder, die getötet wurden, und tat ihn mit seiner Amme in die Bettkammer; und sie verbargen ihn vor Athalja, daß er nicht getötet ward.

3 Und er war mit ihr versteckt im Hause des HERRN sechs Jahre. Athalja aber war Königin im Lande.

4 Im siebenten Jahr aber sandte hin Jojada und nahm die Obersten über hundert von den Leibwächtern und den Trabanten und ließ sie zu sich ins Haus des HERRN kommen und machte einen Bund mit ihnen und nahm einen Eid von ihnen im Hause des HERRN und zeigte ihnen des Königs Sohn

5 und gebot ihnen und sprach: Das ist's, was ihr tun sollt: Ein dritter Teil von euch, die ihr des Sabbats antretet, soll der Hut warten im Hause des Königs,

6 und ein dritter Teil soll sein am Tor Sur, und ein dritter Teil am Tor das hinter den Trabanten ist, und soll der Hut warten am Hause Massah.

7 Aber die zwei Teile euer aller, die des Sabbats abtreten, sollen der Hut warten im Hause des HERRN um den König,

8 und sollt rings um den König euch machen, ein jeglicher mit seiner Wehre in der Hand, und wer herein zwischen die Reihen kommt, der sterbe, und sollt bei dem König sein, wenn er aus und ein geht.

9 Und die Obersten taten alles, was ihnen Jojada, der Priester, gesagt hatte, und nahmen zu sich ihre Männer, die des Sabbats abtraten, und kamen zu dem Priester Jojada.

10 Und der Priester gab den Hauptleuten Spieße und Schilde, die dem König David gehört hatten und in dem Hause des HERRN waren.

11 Und die Trabanten standen um den König her, ein jeglicher mit seiner Wehre in der Hand, von dem Winkel des Hauses zur Rechten bis zum Winkel zur Linken, zum Altar zu und zum Hause.

12 Und er ließ des Königs Sohn hervorkommen und setzte ihm eine Krone auf und gab ihm das Zeugnis, und sie machten ihn zum König und salbten ihn und schlugen die Hände zusammen und sprachen: Glück zu dem König!

13 Und da Athalja hörte das Geschrei des Volkes, das zulief, kam sie zum Volk in das Haus des HERRN

14 und sah. Siehe, da stand der König an der Säule, wie es Gewohnheit war, und die Obersten und die Drommeter bei dem König; und alles Volk des Landes war fröhlich, und man blies mit Drommeten. Athalja aber zerriß ihre Kleider und rief: Aufruhr, Aufruhr!

15 Aber der Priester Jojada gebot den Obersten über hundert, die über das Heer gesetzt waren, und sprach zu ihnen: Führet sie zwischen den Reihen hinaus; und wer ihr folgt, der sterbe des Schwerts! Denn der Priester hatte gesagt, sie

sollte nicht im Hause des HERRN sterben.

16 Und sie machten ihr Raum zu beiden Seiten; und sie ging hinein des Weges, da die Rosse zum Hause des Königs gehen, und ward daselbst getötet.

17 Da machte Jojada einen Bund zwischen dem HERRN und dem König und dem Volk, daß sie des HERRN Volk sein sollten; also auch zwischen dem König und dem Volk.

18 Da ging alles Volk des Landes in das Haus Baals und brachen ihre Altäre ab und zerbrachen seine Bildnisse gründlich, und Matthan, den Priester Baals, erwürgten sie vor den Altären. Der Priester aber bestellte die Ämter im Hause des HERRN

19 und nahm die Obersten über hundert und die Leibwächter und die Trabanten und alles Volk des Landes, und sie führten den König hinab vom Hause des HERRN und kamen durchs Tor der Trabanten zum Königshause; und er setzte sich auf der Könige Stuhl.

20 Und alles Volk im Lande war fröhlich, und die Stadt war still. Athalja aber töteten sie mit dem Schwert in des Königs Hause.

21 Und Joas war sieben Jahre alt, da er König ward.

12. Kapitel

Reich Juda, Joas König. Ausbesserung des Tempels.
Joas wird getötet.

1 Im siebenten Jahr Jehus ward Joas König, und regierte vierzig Jahre zu Jerusalem. Seine Mutter hieß Zibja von Beer-Seba.

2 Und Joas tat, was recht war und dem HERRN wohl gefiel, solange ihn der Priester Jojada lehrte,

3 nur, daß sie die Höhen nicht abtaten; denn das Volk opferte und räucherte noch auf den Höhen.

4 Und Joas sprach zu den Priestern: Alles Geld, das geheiligt wird, daß es in das Haus des HERRN gebracht werde, das gang und gäbe ist, das Geld, das jedermann gibt in der Schätzung seiner Seele, und alles Geld, das jedermann von freiem Herzen opfert, daß es in des HERRN Haus gebracht werde,

5 das laßt die Priester zu sich nehmen, einen jeglichen von seinen Bekannten. Davon sollen sie bessern, was baufällig ist am Hause, wo sie finden, daß es baufällig ist.

6 Da aber die Priester bis ins dreiundzwanzigste Jahr des Königs Joas nicht besserten, was baufällig war am Hause,

7 rief der König Joas den Priester Jojada samt den Priestern und sprach zu ihnen: Warum bessert ihr nicht, was baufällig ist am Hause? So

sollt ihr nun nicht zu euch nehmen das Geld, ein jeglicher von seinen Bekannten, sondern sollt's geben zu dem, das baufällig ist am Hause.

8 Und die Priester willigten darein, daß sie nicht vom Volk Geld nähmen und das Baufällige am Hause besserten.

9 Da nahm der Priester Jojada eine Lade und bohrte oben ein Loch darein und setzte sie zur rechten Hand neben den Altar, da man in das Haus des HERRN geht. Und die Priester, die an der Schwelle hüteten, taten darein alles Geld, das zu des HERRN Haus gebracht ward.

10 Wenn sie dann sahen, daß viel Geld in der Lade war, so kam des Königs Schreiber herauf mit dem Hohenpriester, und banden das Geld zusammen und zählten es, was für des HERRN Haus gefunden ward.

11 Und man übergab das Geld bar den Werkmeistern, die da bestellt waren zu dem Hause des HERRN; und sie gaben's heraus den Zimmerleuten und Bauleuten, die da arbeiteten am Hause des HERRN,

12 nämlich den Maurern und Steinmetzen und denen, die da Holz und gehauene Stein kaufen sollten, daß das Baufällige am Hause des HERRN gebessert würde, und für alles, was not war, um am Hause zu bessern.

13 Doch ließ man nicht machen silberne Schalen, Messer, Becken, Drommeten noch irgend ein goldenes oder silbernes Gerät im Hause des HERRN von solchem Geld, das zu des

HERRN Hause gebracht ward;

14 sondern man gab's den Arbeitern, daß sie damit das Baufällige am Hause des Herrn besserten.

15 Auch brauchten die Männer nicht Rechnung zu tun, denen man das Geld übergab, daß sie es den Arbeitern gäben; sondern sie handelten auf Glauben.

16 Aber das Geld von Schuldopfern und Sündopfern ward nicht zum Hause des HERRN gebracht; denn es gehörte den Priestern.

17 Zu der Zeit zog Hasael, der König von Syrien, herauf und stritt wider Gath und gewann es. Und da Hasael sein Angesicht stellte, nach Jerusalem hinaufzuziehen,

18 nahm Joas, der König Juda's, all das Geheiligte, das seine Väter Josaphat, Joram und Ahasja, die Könige Juda's, geheiligt hatten, und was er geheiligt hatte, dazu alles Gold, das man fand im Schatz in des HERRN Hause und in des Königs Hause, und schickte es Hasael, dem König von Syrien. Da zog er ab von Jerusalem.

19 Was aber mehr von Joas zu sagen ist und alles, was er getan hat, das ist geschrieben in der Chronik der Könige Juda's,

20 Und seine Knechte empörten sich und machten einen Bund und schlugen ihn im Haus Millo, da man hinabgeht zu Silla.

21 Denn Josachar, der Sohn Simeaths, und Josabad, der Sohn Somers, seine Knechte, schlugen ihn tot. Und man begrub ihn mit seinen

Vätern in der Stadt Davids. Und Amazja, sein
Sohn, ward König an seiner Statt.

13. Kapitel

*Reich Israel Joahas und Joas. Elisa stirbt;
sein Leichnam weckt einen Toten auf.*

1 Im dreiundzwanzigsten Jahr des Joas, des
Sohnes Ahasjas, des Königs Juda's, ward Joahas,
der Sohn Jehus, König über Israel zu Samaria
siebzehn Jahre;

2 und er tat, was dem HERRN übel gefiel, und
wandelte nach den Sünden Jerobeams, des
Sohnes Nebats, der Israel sündigen machte, und
ließ nicht davon.

3 Und des HERRN Zorn ergrimmte über Israel,
und er gab sie in die Hand Hasaels, des Königs
von Syrien, und Benhadads, des Sohnes Hasaels,
die ganze Zeit.

4 Aber Joahas bat des HERRN Angesucht. Und
der HERR erhörte ihn; denn er sah den Jammer
Israels an, wie sie der König von Syrien drängte.

5 Und der HERR gab Israel einen Heiland, der
sie aus der Gewalt der Syrer führte, daß die
Kinder Israel in ihren Hütten wohnten wie zuvor.

6 Doch sie ließen nicht von der Sünde des
Hauses Jerobeams, der Israel sündigen machte,
sondern wandelten darin. Auch blieb stehen das
Ascherabild zu Samaria.

7 Denn es war des Volks des Joahas nicht mehr übriggeblieben als fünfzig Reiter, zehn Wagen und zehntausend Mann Fußvolk. Denn der König von Syrien hatte sie umgebracht und hatte sie gemacht wie Staub beim Dreschen.

8 Was aber mehr von Joahas zu sagen ist und alles, was er getan hat, und seine Macht, siehe, das ist geschrieben in der Chronik der Könige Israels.

9 Und Joahas entschlief mit seinen Vätern, und man begrub ihn zu Samaria. Und sein Sohn Joas ward König an seiner Statt.

10 Im siebenunddreißigsten Jahr des Joas, des Königs in Juda, ward Joas, der Sohn Joahas, König über Israel zu Samaria sechzehn Jahre;

11 und er tat, was dem HERRN übel gefiel, und ließ nicht von allen Sünden Jerobeams, des Sohnes Nebats, der Israel sündigen machte, sondern wandelte darin.

12 Was aber mehr von Joas zu sagen ist und was er getan hat und seine Macht, wie er mit Amazja, dem König Juda's, gestritten hat, siehe, das ist geschrieben in der Chronik der Könige Israels.

13 Und Joas entschlief mit seinen Vätern, und Jerobeam saß auf seinem Stuhl. Joas aber ward begraben zu Samaria bei den Königen Israels.

14 Elisa aber war krank, daran er auch starb. Und Joas, der König Israels, kam zu ihm hinab und weinte vor ihm und sprach: Mein Vater, mein Vater! Wagen Israels und seine Reiter!

15 Elisa aber sprach zu ihm: Nimm Bogen und Pfeile! Und da er den Bogen und die Pfeile nahm,

16 sprach er zum König Israels: Spanne mit deiner Hand den Bogen! Und er spannte mit seiner Hand. Und Elisa legte seine Hand auf des Königs Hand

17 und sprach: Tu das Fenster auf gegen Morgen! Und er tat's auf. Und Elisa sprach: Schieß! Und er schoß. Er aber sprach: Ein Pfeil des Heils vom HERRN, ein Pfeil des Heils wider die Syrer; und du wirst die Syrer schlagen zu Aphek, bis sie aufgerieben sind.

18 Und er sprach: Nimm die Pfeile! Und da er sie nahm, sprach er zum König Israels: Schlage die Erde! Und er schlug dreimal und stand still.

19 Da ward der Mann Gottes zornig auf ihn und sprach: Hättest du fünf- oder sechsmal geschlagen, so würdest du die Syrer geschlagen haben, bis sie aufgerieben wären; nun aber wirst du sie dreimal schlagen.

20 Da aber Elisa gestorben war und man ihn begraben hatte, fielen die Kriegsleute der Moabiter ins Land desselben Jahres.

21 Und es begab sich, daß man einen Mann begrub; da sie aber die Kriegsleute sahen, warfen sie den Mann in Elisas Grab. Und da er hinabkam und die Gebeine Elisas berührte, ward er lebendig und trat auf seine Füße.

22 Also zwang nun Hasael, der König von Syrien, Israel, solange Joahas lebte.

23 Aber der HERR tat ihnen Gnade und

erbarmte sich ihrer und wandte sich zu ihnen um seines Bundes willen mit Abraham, Isaak und Jakob und wollte sie nicht verderben, verwarf sie auch nicht von seinem Angesicht bis auf diese Stunde.

24 Und Hasael, der König von Syrien, starb, und sein Sohn Benhadad ward König an seiner Statt.

25 Joas aber nahm wieder die Städte aus der Hand Benhadads, des Sohnes Hasaels, die er aus der Hand seines Vaters Joahas genommen hatte im Streit. Dreimal schlug ihn Joas und brachte die Städte Israels wieder.

14. Kapitel

Reich Juda, Amazja und Asarja Könige.
Reich Israel. Jerobeam der zweite König.

1 Im zweiten Jahr des Joas, des Sohnes des Joahas, des Königs über Israel, ward Amazja König, der Sohn des Joas, des Königs in Juda.

2 Fünfundzwanzig Jahre alt war er, da er König ward, und regierte neunundzwanzig Jahre zu Jerusalem. Seine Mutter hieß Joaddan von Jerusalem.

3 Und er tat, was dem HERRN wohl gefiel, doch nicht wie sein Vater David; sondern wie sein Vater Joas tat er auch.

4 Denn die Höhen wurden nicht abgetan; sondern das Volk opferte und räucherte noch

auf den Höhen.

5 Da er nun seines Königreiches mächtig ward, schlug er seine Knechte, die seinen Vater, den König geschlagen hatten.

6 Aber die Kinder der Totschläger tötete er nicht, wie es denn geschrieben steht im Gesetzbuch Mose's, da der HERR geboten hat und gesagt: Die Väter sollen nicht um der Kinder willen sterben, und die Kinder sollen nicht um der Väter willen sterben; sondern ein jeglicher soll um seiner Sünde sterben.

7 Er schlug auch die Edomiter im Salztal zehntausend und gewann die Stadt Sela mit Streit und hieß sie Joktheel bis auf diesen Tag.

8 Da sandte Amazja Boten zu Joas, dem Sohn des Joahas, des Sohnes Jehus, dem König über Israel, und ließ ihm sagen: Komm her, wir wollen uns miteinander messen!

9 Aber Joas, der König Israels, sandte zu Amazja, dem König Juda's und ließ ihm sagen: Der Dornstrauch, der im Libanon ist, sandte zur Zeder im Libanon und ließ ihr sagen: Gib deine Tochter meinem Sohn zum Weibe! Aber das Wild auf dem Felde im Libanon lief über den Dornstrauch und zertrat ihn.

10 Du hast die Edomiter geschlagen; des überhebt sich dein Herz. Habe den Ruhm und bleibe daheim! Warum ringst du nach Unglück, daß du fällst und Juda mit dir?

11 Aber Amazja gehorchte nicht. Da zog Joas, der König Israels, herauf; und sie maßen sich

miteinander, er und Amazja, der König Juda's, zu Beth-Semes, das in Juda liegt.

12 Aber Juda ward geschlagen vor Israel, daß ein jeglicher floh in seine Hütte.

13 Und Joas, der König Israels, griff Amazja, den König in Juda, den Sohn des Joas, des Sohnes Ahasjas, zu Beth-Semes und kam gen Jerusalem und riß ein die Mauer Jerusalems von dem Tor Ephraim bis an das Ecktor, vierhundert Ellen lang,

14 und nahm alles Gold und Silber und Gerät, das gefunden ward im Hause des HERRN und im Schatz des Königshauses, dazu die Geiseln, und zog wieder gen Samaria.

15 Was aber mehr von Joas zu sagen ist, was er getan hat, und seine Macht, und wie er mit Amazja, dem König Juda's gestritten hat, siehe, das ist geschrieben in der Chronik der Könige Israels.

16 Und Joas entschlief mit seinen Vätern und ward begraben zu Samaria unter den Königen Israels. Und sein Sohn Jerobeam ward König an seiner Statt.

17 Amazja aber, der Sohn des Joas, des Königs in Juda, lebte nach dem Tod des Joas, des Sohnes des Joahas, des Königs über Israel, fünfzehn Jahre.

18 Was aber mehr von Amazja zu sagen ist, das ist geschrieben in der Chronik der Könige Juda's.

19 Und sie machten einen Bund wider ihn zu

Jerusalem; er aber floh gen Lachis. Und sie sandten hin, ihm nach, gen Lachis und töteten in daselbst.

20 Und sie brachten ihn auf Rossen, und er ward begraben zu Jerusalem bei seinen Vätern in der Stadt Davids.

21 Und das ganze Volk Juda's nahm Asarja in seinem sechzehnten Jahr und machten ihn zum König anstatt seines Vaters Amazja.

22 Er baute Elath und brachte es wieder zu Juda, nachdem der König mit seinen Vätern entschlafen war.

23 Im fünfzehnten Jahr Amazjas, des Sohnes Joas, des Königs in Juda, ward Jerobeam, der Sohn des Joas, König über Israel zu Samaria einundvierzig Jahre;

24 Und er tat, was dem HERRN übel gefiel, und ließ nicht ab von den Sünden Jerobeams, des Sohnes Nebats, der Israel sündigen machte.

25 Er aber brachte wieder herzu das Gebiet Israels von Hamath an bis an das Meer, das im blachen Felde liegt, nach dem Wort des HERRN, das er geredet hatte durch seinen Knecht Jona, den Sohn Amitthais, den Propheten, der von Gath-Hepher war.

26 Denn der HERR sah an den elenden Jammer Israels, daß auch die Verschlossenen und Verlassenen dahin waren und kein Helfer war in Israel.

27 Und der HERR hatte nicht geredet, daß er wollte den Namen Israels austilgen unter dem

Himmel, und half ihnen durch Jerobeam, den Sohn des Joas.

28 Was aber mehr von Jerobeam zu sagen ist und alles, was er getan hat, und seine Macht, wie er gestritten hat, und wie er Damaskus und Hamath wiedergebracht an Juda in Israel, siehe, das ist geschrieben in der Chronik der Könige Israels.

29 Und Jerobeam entschlief mit seinen Vätern, mit den Königen Israels. Und sein Sohn Sacharja ward König an seiner Statt.

15. Kapitel

Reich Juda, Asarja oder Usia und Jotham Könige. Reich Israel. Die Könige Sacharja, Sallum, Menahem, Pekahja und Pekah. Anfang der assyrischen Gefangenschaft.

1 Im siebenundzwanzigsten Jahr Jerobeams, des Königs Israels, ward König Asarja, der Sohn Amazjas, des Königs Juda's;

2 und er war sechzehn Jahre alt, da er König ward, und regierte zweiundfünfzig Jahre zu Jerusalem. Seine Mutter hieß Jecholja von Jerusalem.

3 Und er tat, was dem HERRN wohl gefiel, ganz wie sein Vater Amazja,

4 nur, daß sie die Höhen nicht abtaten; denn das Volk opferte und räucherte noch auf den

Höhen.

5 Der HERR aber plagte den König, daß er aussätzig war bis an seinen Tod, und wohnte in einem besonderen Hause. Jotham aber, des Königs Sohn, regierte das Haus und richtete das Volk im Lande.

6 Was aber mehr von Asarja zu sagen ist und alles, was er getan hat, das ist geschrieben in der Chronik der Könige Juda's.

7 Und Asarja entschlief mit seinen Vätern, und man begrub ihn bei seinen Vätern in der Stadt Davids. Und sein Sohn Jotham ward König an seiner Statt.

8 Im achtunddreißigsten Jahr Asarjas, des Königs Juda's, ward König Sacharja, der Sohn Jerobeams, über Israel zu Samaria sechs Monate;

9 und er tat, was dem HERRN übel gefiel, wie seine Väter getan hatten. Er ließ nicht ab von den Sünden Jerobeams, des Sohnes Nebats, der Israel sündigen machte.

10 Und Sallum, der Sohn des Jabes, machte einen Bund wider ihn und schlug ihn vor dem Volk und tötete ihn und ward König an seiner Statt.

11 Was aber mehr von Sacharja zu sagen ist, siehe, das ist geschrieben in der Chronik der Könige Israels.

12 Und das ist's, was der HERR zu Jehu geredet hatte: Dir sollen Kinder ins vierte Glied sitzen auf dem Stuhl Israels. Und ist also geschehen.

13 Sallum aber, der Sohn des Jabes, ward König im neununddreißigsten Jahr Usias, des Königs in Juda, und regierte einen Monat zu Samaria.

14 Denn Menahem, der Sohn Gadis, zog herauf von Thirza und kam gen Samaria und schlug Sallum, den Sohn des Jabes, zu Samaria und tötete ihn und ward König an seiner Statt.

15 Was aber mehr von Sallum zu sagen ist und seinen Bund, den er anrichtete, siehe, das ist geschrieben in der Chronik der Könige Israels.

16 Dazumal schlug Menahem Tiphsah und alle, die darin waren, und ihr Gebiet von Thirza aus, darum daß sie ihn nicht wollten einlassen, und schlug alle ihre Schwangeren und zerriß sie.

17 Im neununddreißigsten Jahr Asarjas, des Königs Juda's, ward König Menahem, der Sohn Gadis, über Israel zu Samaria;

18 und er tat, was dem HERRN übel gefiel. Er ließ sein Leben lang nicht von den Sünden Jerobeams, des Sohnes Nebats, der Israel sündigen machte.

19 Und es kam Phul, der König von Assyrien, ins Land. Und Menahem gab dem Phul tausend Zentner Silber, daß er's mit ihm hielte und befestigte ihm das Königreich.

20 Und Menahem setzte ein Geld in Israel auf die Reichsten, fünfzig Silberlinge auf einen jeglichen Mann, daß er's dem König von Assyrien gäbe. Also zog der König von Assyrien wieder heim und blieb nicht im Lande.

21 Was aber mehr von Menahem zu sagen ist

und alles, was er getan hat, siehe, das ist geschrieben in der Chronik der Könige Israels.

22 Und Menahem entschlief mit seinen Vätern, und Pekahja, sein Sohn, ward König an seiner Statt.

23 Im fünfzigsten Jahr Asarjas, des Königs in Juda, ward König Pekahja, der Sohn Menahems, über Israel zu Samaria, zwei Jahre;

24 und er tat, was dem HERRN übel gefiel; denn er ließ nicht von der Sünde Jerobeams, des Sohnes Nebats, der Israel sündigen machte.

25 Und es machte Pekah, der Sohn Remaljas, sein Ritter, einen Bund wider ihn und schlug ihn zu Samaria im Palast des Königshauses samt Argob und Arje, und mit ihm waren fünfzig Mann von den Kindern Gileads, und tötete ihn und ward König an seiner Statt.

26 Was aber mehr von Pekahja zu sagen ist und alles, was er getan hat, siehe, das ist geschrieben in der Chronik der Könige Israels.

27 Im zweiundfünfzigsten Jahr Asarjas, des Königs Juda's, ward König Pekah, der Sohn Remaljas, über Israel zu Samaria zwanzig Jahre;

28 und er tat, was dem HERRN übel gefiel; denn er ließ nicht von den Sünden Jerobeams, des Sohnes Nebats, der Israel sündigen machte.

29 Zu den Zeiten Pekahs, des Königs Israels, kam Thiglath-Pileser, der König von Assyrien, und nahm Ijon, Abel-Beth-Maacha, Janoah, Kedes, Hazor, Gilead und Galiläa, das ganze Land Naphthali, und führte sie weg nach

Assyrien.

30 Und Hosea, der Sohn Elas, machte einen Bund wider Pekah, den Sohn Remaljas, und schlug ihn tot und ward König an seiner Statt im zwanzigsten Jahr Jothams, des Sohnes Usias.

31 Was aber mehr von Pekah zu sagen ist und alles, was er getan hat, siehe, das ist geschrieben in der Chronik der Könige Israels.

32 Im zweiten Jahr Pekahs, des Sohnes Remaljas, des Königs über Israel, ward König Jotham, der Sohn Usias, des Königs in Juda.

33 Er war fünfundzwanzig Jahre alt, da er König ward, und regierte sechzehn Jahre zu Jerusalem. Seine Mutter hieß Jerusa, eine Tochter Zadoks.

34 Und er tat, was dem HERRN wohl gefiel, ganz wie sein Vater Usia getan hatte,

35 nur, daß sie die Höhen nicht abtaten; denn das Volk opferte und räucherte noch auf den Höhen. Er baute das obere Tor am Hause des HERRN.

36 Was aber mehr von Jotham zu sagen ist und alles, was er getan hat, siehe, das ist geschrieben in der Chronik der Könige Juda's.

37 Zu der Zeit hob der HERR an, zu senden gen Juda Rezin, den König von Syrien und Pekah, den Sohn Remaljas.

38 Und Jotham entschlief mit seinen Vätern in der Stadt Davids, seines Vaters. Und Ahas, sein Sohn, ward König an seiner Statt.

16. Kapitel

Reich Juda. Ahas König.

1 Im siebzehnten Jahr Pekahs, des Sohnes Remaljas, ward König Ahas, der Sohn Jothams, des Königs in Juda.

2 Zwanzig Jahre war Ahas alt, da er König ward, und regierte sechzehn Jahre zu Jerusalem; und tat nicht, was dem HERRN, seinem Gott, wohl gefiel wie sein Vater David;

3 denn er wandelte auf dem Wege der Könige Israels. Dazu ließ er seinen Sohn durchs Feuer gehen nach den Gräueln der Heiden, die der HERR vor den Kindern Israel vertrieben hatte,

4 und tat Opfer und räucherte auf den Höhen und auf den Hügeln und unter allen grünen Bäumen.

5 Dazumal zogen Rezin, der König von Syrien und Pekah, der Sohn Remaljas, König in Israel, hinauf gen Jerusalem, zu streiten und belagerten Ahas; aber sie konnten es nicht gewinnen.

6 Zu derselben Zeit brachte Rezin, König von Syrien, Elath wieder an Syrien und stieß die Juden aus Elath; aber die Syrer kamen und wohnten darin bis auf diesen Tag.

7 Und Ahas sandte Boten zu Thiglath-Pileser, dem König von Assyrien, und ließ ihm sagen: Ich bin dein Knecht und dein Sohn; komm herauf und hilf mir aus der Hand des Königs von Syrien und des Königs Israels, die sich wider mich

haben aufgemacht!

8 Und Ahas nahm das Silber und Gold, das im Hause des HERRN und in den Schätzen des Königshauses gefunden ward, und sandte dem König von Assyrien Geschenke.

9 Und der König von Assyrien gehorchte ihm und zog herauf gen Damaskus und gewann es und führte es weg gen Kir und tötete Rezin.

10 Und der König Ahas zog entgegen Thiglath-Pileser, dem König zu Assyrien, gen Damaskus. Und da er einen Altar sah, sandte der König Ahas desselben Altars Ebenbild und Gleichnis zum Priester Uria, wie derselbe gemacht war.

11 Und Uria, der Priester, baute einen Altar und machte ihn, wie der König Ahas zu ihm gesandt hatte von Damaskus, bis der König Ahas von Damaskus kam.

12 Und da der König von Damaskus kam und den Altar sah, opferte er darauf

13 und zündete darauf an sein Brandopfer und Speisopfer und goß darauf sein Trankopfer und ließ das Blut der Dankopfer, die er opferte, auf den Altar sprengen.

14 Aber den ehernen Altar, der vor dem HERRN stand, tat er weg, daß er nicht stände zwischen dem Altar und dem Hause des HERRN, sondern setzte ihn an die Seite des Altars gegen Mitternacht.

15 Und der König Ahas gebot Uria, dem Priester, und sprach: Auf dem großen Altar sollst du anzünden die Brandopfer des Morgens und

die Speisopfer des Abends und die Brandopfer des Königs und sein Speisopfer und die Brandopfer alles Volks im Lande samt ihrem Speisopfer und Trankopfer; und alles Blut der Brandopfer und das Blut aller andern Opfer sollst du darauf sprengen; aber mit dem ehernen Altar will ich denken, was ich mache.

16 Uria, der Priester, tat alles, was ihn der König Ahas hieß.

17 Und der König Ahas brach ab die Seiten an den Gestühlen und tat die Kessel oben davon; und das Meer tat er von den Ehernen Ochsen, die darunter waren, und setzte es auf steinernes Pflaster.

18 Dazu bedeckte die Sabbathalle, die sie im Hause gebaut hatten, und den äußeren Eingang des Königs wandte er zum Hause des HERRN, dem König von Assyrien zum Dienst.

19 Was aber mehr von Ahas zu sagen ist, was er getan hat, siehe, das ist geschrieben in der Chronik der Könige Juda's.

20 Und Ahas entschlief mit seinen Vätern und ward begraben bei seinen Vätern in der Stadt Davids. Und Hiskia, sein Sohn, ward König an seiner Statt.

17. Kapitel

*Reich Israel. Hosea, letzter König. Die assyrische
Gefangenschaft als Strafe für Israels Abfall.
Entstehung der neuen Samariter.*

1 Im zwölften Jahr des Ahas, des Königs in Juda,
ward König über Israel zu Samaria Hosea, der
Sohn Elas, neun Jahre;

2 und er tat, was dem HERRN übel gefiel, doch
nicht wie die Könige Israels, die vor ihm waren.

3 Wider denselben zog herauf Salmanasser,
der König von Assyrien. Und Hosea ward ihm
untertan, daß er ihm Geschenke gab.

4 Da aber der König von Assyrien inneward,
daß Hosea einen Bund anrichtete und hatte
Boten zu So, dem König in Ägypten, gesandt,
griff er ihn und legte ihn ins Gefängnis.

5 Nämlich der König von Assyrien zog über das
ganze Land und gen Samaria und belagerte es
drei Jahre.

6 Und im neunten Jahr Hoseas gewann der
König von Assyrien Samaria und führte Israel
weg nach Assyrien und setzte sie nach Halah
und an den Habor, an das Wasser Gosan und in
die Städte der Meder.

7 Denn die Kinder Israel sündigten wider den
HERRN, ihren Gott, der sie aus Ägyptenland
geführt hatte, aus der Hand Pharaos, des Königs
von Ägypten, und fürchteten andere Götter

8 und wandelten nach der Heiden Weise, die

der HERR vor den Kindern Israel vertrieben hatte, und taten wie die Könige Israels;

9 und die Kinder Israels schmückten ihre Sachen wider den HERRN, ihren Gott, die doch nicht gut waren, also daß sie sich Höhen bauten in allen Städten, von den Wachttürmen bis zu den festen Städten,

10 und richteten Säulen auf und Ascherabilder auf allen hohen Hügeln und unter allen grünen Bäumen,

11 und räucherten daselbst auf allen Höhen wie die Heiden, die der HERR vor ihnen weggetrieben hatte, und sie trieben böse Stücke, den HERRN zu erzürnen,

12 und dienten den Götzen, davon der HERR zu ihnen gesagt hatte: Ihr sollt solches nicht tun;

13 und wenn der HERR bezeugte in Israel und Juda durch alle Propheten und Seher und ließ ihnen sagen: Kehret um von euren bösen Wegen und haltet meine Gebote und Rechte nach allem Gesetz, das ich euren Vätern geboten habe und das ich zu euch gesandt habe durch meine Knechte, die Propheten:

14 so gehorchen sie nicht, sondern härteten ihren Nacken gleich dem Nacken ihrer Väter, die nicht glaubten an den HERRN, ihren Gott;

15 dazu verachteten sie seine Gebote und seinen Bund, den er mit ihren Vätern gemacht hatte, und seine Zeugnisse, die er unter ihnen tat, und wandelten ihrer Eitelkeit nach und wurden eitel den Heiden nach, die um sie her

wohnten, von welchen ihnen der HERR geboten hatte, sie sollten nicht wie sie tun;

16 aber sie verließen alle Gebote des HERRN, ihres Gottes, und machten sich zwei gegossene Kälber und Ascherabild und beteten an alles Heer des Himmels und dienten Baal

17 und ließen ihre Söhne und Töchter durchs Feuer gehen und gingen mit Weissagen und Zaubern um und verkauften sich, zu tun, was dem HERRN übel gefiel, ihn zu erzürnen:

18 da ward der HERR sehr zornig über Israel und tat sie von seinem Angesicht, daß nichts übrigblieb denn der Stamm Juda allein.

19 (Dazu hielten auch die von Juda nicht die Gebote des HERRN, ihres Gottes, und wandelten in den Sitten, darnach Israel getan hatte.)

20 Darum verwarf der HERR allen Samen Israels und drängte sie und gab sie in die Hände der Räuber, bis er sie verwarf von seinem Angesicht.

21 Denn Israel ward gerissen vom Hause Davids; und sie machten zum König Jerobeam, den Sohn Nebats. Derselbe wandte Israel ab vom HERRN und machte, daß sie schwer sündigten.

22 Also wandelten die Kinder Israel in allen Sünden Jerobeams, die er angerichtet hatte, und ließen nicht davon,

23 bis der HERR Israel von seinem Angesicht tat, wie er geredet hatte durch alle seine Knechte, die Propheten. Also ward Israel aus

seinem Lande weggeführt nach Assyrien bis auf diesen Tag.

24 Der König aber von Assyrien ließ kommen Leute von Babel, von Kutha, von Avva, von Hamath und Sepharvaim und setzte sie in die Städte in Samaria anstatt der Kinder Israel. Und sie nahmen Samaria ein und wohnten in desselben Städten.

25 Und da sie aber anhoben daselbst zu wohnen und den HERRN nicht fürchteten, sandte der HERR Löwen unter sie, die erwürgten sie.

26 Und sie ließen dem König von Assyrien sagen: Die Heiden, die du hast hergebracht und die Städte Samarias damit besetzt, wissen nichts von der Weise Gottes im Lande; darum hat der HERR Löwen unter sie gesandt, und siehe, dieselben töten sie, weil sie nicht wissen um die Weise Gottes im Lande.

27 Der König von Assyrien gebot und sprach: Bringet dahin der Priester einen, die von dort sind weggeführt, und ziehet hin und wohnet daselbst, und er lehre sie die Weise Gottes im Lande.

28 Da kam der Priester einer, die von Samaria weggeführt waren, und wohnte zu Beth-El und lehrte sie, wie sie den HERRN fürchten sollten.

29 Aber ein jegliches Volk machte seinen Gott und taten sie in die Häuser auf den Höhen, die die Samariter gemacht hatten, ein jegliches Volk in ihren Städten, darin sie wohnten.

30 Die von Babel machten Sukkoth-Benoth; die

von Chut machten Nergal; die von Hamath machten Asima;

31 die von Avva machten Nibehas und Tharthak; die von Sepharvaim verbrannten ihre Söhne dem Adrammelech und Anammelech, den Göttern derer von Sepharvaim.

32 Und weil sie den HERRN auch fürchteten, machten sie sich Priester auf den Höhen aus allem Volk unter ihnen; die opferten für sie in den Häusern auf den Höhen.

33 Also fürchteten sie den HERRN und dienten auch den Göttern nach eines jeglichen Volkes Weise, von wo sie hergebracht waren.

34 Und bis auf diesen Tag tun sie nach der alten Weise, daß sie weder den HERRN fürchten noch ihre Rechte und Sitten tun nach dem Gesetz und Gebot, das der HERR geboten hat den Kindern Jakobs, welchem er den Namen Israel gab.

35 Und er machte einen Bund mit ihnen und gebot ihnen und sprach: Fürchtet keine andern Götter und betet sie nicht an und dienet ihnen nicht und opfert ihnen nicht;

36 sondern den HERRN, der euch aus Ägyptenland geführt hat mit großer Kraft und ausgerecktem Arm, den fürchtet, den betet an, und dem opfert;

37 und die Sitten, Rechte, Gesetze und Gebote, die er euch hat aufschreiben lassen, die haltet, daß ihr darnach tut allewege und nicht andere Götter fürchtet;

38 und des Bundes, den er mit euch gemacht

hat, vergesset nicht daß ihr nicht andre Götter fürchtet;

39 sondern fürchtet den HERRN, euren Gott, der wird euch erretten von allen euren Feinden.

40 Aber diese gehorchten nicht, sondern taten nach ihrer vorigen Weise.

41 Also fürchteten die Heiden den HERRN und dienten auch ihren Götzen. Also taten auch ihre Kinder und Kindeskinder, wie ihre Väter getan haben, bis auf diesen Tag.

18. Kapitel

Reich Juda. Hiskia König.
Jerusalem von Sanherib belagert.

1 Im dritten Jahr Hoseas, des Sohnes Elas, des Königs über Israel, ward König Hiskia, der Sohn Ahas, des Königs in Juda.

2 Er war fünfundzwanzig Jahre alt, da er König ward, und regierte neunundzwanzig Jahre zu Jerusalem. Seine Mutter hieß Abi, eine Tochter Sacharjas.

3 Und er tat, was dem HERRN wohl gefiel, wie sein Vater David.

4 Er tat ab die Höhen und zerbrach die Säulen und rottete das Ascherabild aus und zerstieß die eherne Schlange, die Mose gemacht hatte; denn bis zu der Zeit hatten ihr die Kinder Israel geräuchert, und man hieß sie Nehusthan.

5 Er vertraute dem HERRN, dem Gott Israels, daß nach ihm seinesgleichen nicht war unter allen Königen Juda's noch vor ihm gewesen.

6 Er hing dem HERRN an und wich nicht von ihm ab und hielt seine Gebote, die der HERR dem Mose geboten hatte.

7 Und der HERR war mit ihm; und wo er auszog handelte er klüglich. Dazu ward er abtrünnig vom König von Assyrien und war ihm nicht untertan.

8 Er schlug die Philister bis gen Gaza und ihr Gebiet von den Wachttürmen an bis die festen Städte.

9 Im vierten Jahr Hiskias, des Königs in Juda (das war das siebente Jahr Hoseas, des Sohnes Elas, des Königs über Israel), da zog Salmanasser, der König von Assyrien, herauf wider Samaria und belagerte es

10 und gewann es nach drei Jahren; im sechsten Jahr Hiskias, das ist im neunten Jahr Hoseas, des Königs Israels, da ward Samaria gewonnen.

11 Und der König von Assyrien führte Israel weg gen Assyrien und setzte sie nach Halah und an den Habor, an das Wasser Gosan und in die Städte der Meder,

12 darum daß sie nicht gehorcht hatten der Stimme des HERRN, ihres Gottes, und übertreten hatten seinen Bund und alles, was Mose, der Knecht des HERRN, geboten hatte; deren sie keines gehört noch getan.

13 Im vierzehnten Jahr aber des Königs Hiskia zog herauf Sanherib, der König von Assyrien, wider alle festen Städte Juda's und nahm sie ein.

14 Da sandte Hiskia, der König Juda's, zum König von Assyrien gen Lachis und ließ ihm sagen: Ich habe mich versündigt. Kehre um von mir; was du mir auflegst, will ich tragen. Da legte der König von Assyrien Hiskia, dem König Juda's, dreihundert Zentner Silber auf und dreißig Zentner Gold.

15 Also gab Hiskia all das Silber, das im Hause des HERRN und in den Schätzen des Königshauses gefunden ward.

16 Zur selben Zeit zerbrach Hiskia, der König Juda's, die Türen am Tempel des HERRN und die Bleche, die er selbst hatte darüberziehen lassen, und gab sie dem König von Assyrien.

17 Und der König von Assyrien sandte den Tharthan und den Erzkämmerer und den Erzschenken von Lachis zum König Hiskia mit großer Macht gen Jerusalem, und sie zogen herauf. Und da sie hinkamen, hielten sie an der Wasserleitung des oberen Teiches, der da liegt an der Straße bei dem Acker des Walkmüllers,

18 und riefen nach dem König. Da kam heraus zu ihnen Eljakim, der Sohn Hilkias, der Hofmeister, und Sebna, der Schreiber, und Joah, der Sohn Asaphs, der Kanzler.

19 Und der Erzschenke sprach zu ihnen: Sagt doch dem König Hiskia: So spricht der große König, der König von Assyrien: Was ist das für

ein Trotz, darauf du dich verläßt?

20 Meinst du, es sei noch Rat und Macht, zu streiten? Worauf verläßt du dich denn, daß du mir abtrünnig geworden bist?

21 Siehe, verlässest du dich auf diesen zerstoßenen Rohrstab, auf Ägypten, welcher, so sich jemand darauf lehnt, wird er ihm die Hand durchbohren? Also ist Pharao, der König in Ägypten, allen, die sich auf ihn verlassen.

22 Ob ihr aber wolltet zu mir sagen: Wir verlassen uns auf den HERRN, unsern Gott! ist's denn nicht der, dessen Höhen und Altäre Hiskia hat abgetan und gesagt zu Juda und zu Jerusalem: Vor diesem Altar, der zu Jerusalem ist, sollt ihr anbeten?

23 Wohlan, nimm eine Wette an mit meinem Herrn, dem König von Assyrien: ich will dir zweitausend Rosse geben, ob du könntest Reiter dazu geben.

24 Wie willst du denn bleiben vor der geringsten Hauptleute einem von meines Herrn Untertanen? Und du verläßt dich auf Ägypten um der Wagen und Reiter willen.

25 Meinst du aber, ich sei ohne den HERRN heraufgezogen, daß ich diese Stätte verderbe? Der HERR hat mich's geheißen: Ziehe hinauf in dies Land und verderbe es!

26 Da sprach Eljakim, der Sohn Hilkias und Sebna und Joah zum Erzschenken: Rede mit deinen Knechten auf syrisch, denn deine Knechte verstehen es; und rede nicht mit uns auf

jüdisch vor den Ohren des Volks, das auf der Mauer ist.

27 Aber der Erzschenke sprach zu ihnen: Hat mich denn mein Herr zu deinem Herrn oder zu dir gesandt, daß ich solche Worte rede? und nicht vielmehr zu den Männern, die auf der Mauer sitzen, daß sie mit euch ihren eigenen Mist fressen und ihren Harn saufen?

28 Also stand der Erzschenke auf und redete mit lauter Stimme auf jüdisch und sprach: Hört das Wort des großen Königs, des Königs von Assyrien!

29 So spricht der König: Laßt euch Hiskia nicht betrügen; denn er vermag euch nicht zu erretten von meiner Hand.

30 Und laßt euch Hiskia nicht vertrösten auf den HERRN, daß er sagt: Der HERR wird uns erretten, und diese Stadt wird nicht in die Hände des Königs von Assyrien gegeben werden.

31 Gehorchet Hiskia nicht! Denn so spricht der König von Assyrien: Nehmet an meine Gnade und kommt zu mir heraus, so soll jedermann von seinem Weinstock und seinem Feigenbaum essen und von seinem Brunnen trinken,

32 bis ich komme und hole euch in ein Land, das eurem Lande gleich ist, darin Korn, Most, Brot, Weinberge, Ölbäume und Honig sind; so werdet ihr leben bleiben und nicht sterben. Gehorchet Hiskia nicht; denn er verführt euch, daß er spricht: Der HERR wird uns erretten.

33 Haben auch die Götter der Heiden ein

jeglicher sein Land errettet von der Hand des Königs von Assyrien?

34 Wo sind die Götter zu Hamath und Arpad? Wo sind die Götter zu Sepharvaim, Hena und Iwwa? Haben sie auch Samaria errettet von meiner Hand?

35 Wo ist ein Gott unter aller Lande Göttern, die ihr Land haben von meiner Hand errettet, daß der HERR sollte Jerusalem von meiner Hand erretten?

36 Das Volk aber schwieg still und antwortete ihm nichts; denn der König hatte geboten und gesagt: Antwortet ihm nichts.

37 Da kamen Eljakim, der Sohn Hilkias, und Sebna, der Schreiber, und Joah, der Sohn Asaphs, der Kanzler, zu Hiskia mit zerrissenen Kleidern und sagten ihm an die Worte des Erzschenken.

19. Kapitel

Hiskia betet. Jesaja verheißt Rettung. Wunderbare Niederlage der Assyrer. Sanherib kommt um.

1 Da der König Hiskia das hörte, zerriß er seine Kleider und legte einen Sack an und ging in das Haus des Herrn

2 und sandte Eljakim, den Hofmeister, und Sebna, den Schreiber, samt den Ältesten der Priester, mit Säcken angetan, zu dem Propheten

Jesaja, dem Sohn des Amoz;

3 und sie sprachen zu ihm: So sagt Hiskia: Das ist ein Tag der Not, des Scheltens und des Lästerns; die Kinder sind gekommen an die Geburt und ist keine Kraft da, zu gebären.

4 Ob vielleicht der HERR, dein Gott, hören wollte alle Worte des Erzschenken, den sein Herr, der König von Assyrien, gesandt hat, Hohn zu sprechen dem lebendigen Gott und zu schelten mit Worten, die der HERR, dein Gott, gehört hat: So erhebe dein Gebet für die übrigen, die noch vorhanden sind.

5 Und da die Knechte Hiskias zu Jesaja kamen,

6 sprach Jesaja zu ihnen: So sagt eurem Herrn: So spricht der HERR: Fürchte dich nicht vor den Worten, die du gehört hast, womit mich die Knechte des Königs von Assyrien gelästert haben.

7 Siehe, ich will ihm einen Geist geben, daß er ein Gerücht hören wird und wieder in sein Land ziehen, und will ihn durchs Schwert fällen in seinem Lande.

8 Und da der Erzschenke wiederkam, fand er den König von Assyrien streiten wider Libna; denn er hatte gehört, daß er von Lachis gezogen war.

9 Und da er hörte von Thirhaka, dem König der Mohren: Siehe, er ist ausgezogen mit dir zu streiten, sandte er abermals Boten zu Hiskia und ließ ihm sagen:

10 So sagt Hiskia, dem König Juda's: Laß dich

deinen Gott nicht betrügen, auf den du dich verlässest und sprichst: Jerusalem wird nicht in die Hand des Königs von Assyrien gegeben werden.

11 Siehe, du hast gehört, was die Könige von Assyrien getan haben allen Landen und sie verbannt; und du solltest errettet werden?

12 Haben der Heiden Götter auch sie errettet, welche meine Väter haben verderbt: Gosan, Haran, Rezeph und die Kinder Edens, die zu Thelassar waren?

13 Wo ist der König von Hamath, der König zu Arpad und der König der Stadt Sepharvaim, von Hena und Iwwa?

14 Und da Hiskia den Brief von den Boten empfangen und gelesen hatte, ging er hinauf zum Hause des HERRN und breitete ihn aus vor dem HERRN

15 und betete vor dem HERRN und sprach: HERR, Gott Israels, der du über dem Cherubim sitzest, du bist allein Gott über alle Königreiche auf Erden, du hast Himmel und Erde gemacht.

16 HERR, neige deine Ohren und höre; tue deine Augen auf und siehe, und höre die Worte Sanheribs, der hergesandt hat, Hohn zu sprechen dem lebendigen Gott.

17 Es ist wahr HERR, die Könige von Assyrien haben die Heiden mit dem Schwert umgebracht und ihr Land

18 und haben ihre Götter ins Feuer geworfen. Denn es waren nicht Götter, sondern Werke von

Menschenhänden, Holz und Stein; darum haben sie sie vertilgt.

19 Nun aber, HERR, unser Gott, hilf uns aus seiner Hand, auf daß alle Königreiche auf Erden erkennen, daß du, HERR, allein Gott bist.

20 Da sandte Jesaja, der Sohn Amoz, zu Hiskia und ließ ihm sagen: So spricht der HERR, der Gott Israels: Was du zu mir gebetet hast um Sanherib, den König von Assyrien, das habe ich gehört.

21 Das ist's, was der HERR wider ihn geredet hat: Die Jungfrau, die Tochter Zion, verachtet dich und spottet dein; die Tochter Jerusalem schüttelt ihr Haupt dir nach.

22 Wen hast du gehöhnt und gelästert? Über wen hast du deine Stimme erhoben? Du hast deine Augen erhoben wider den Heiligen in Israel.

23 Du hast den HERRN durch deine Boten gehöhnt und gesagt: "Ich bin durch die Menge meiner Wagen auf die Höhen der Berge gestiegen, auf den innersten Libanon; ich habe seine hohen Zedern und auserlesenen Tannen abgehauen und bin gekommen an seine äußerste Herberge, an den Wald seines Baumgartens.

24 Ich habe gegraben und ausgetrunken die fremden Wasser und werde austrocknen mit meinen Fußsohlen alle Flüsse Ägyptens."

25 Hast du aber nicht gehört, daß ich solches lange zuvor getan habe, und von Anfang habe

ich's bereitet? Nun aber habe ich's kommen lassen, daß die festen Städte werden fallen in einen wüsten Steinhaufen,

26 und die darin wohnen, matt werden und sich fürchten und schämen müssen und werden wie das Gras auf dem Felde und wie das grüne Kraut, wie Gras auf den Dächern, das verdorrt, ehe denn es reif wird.

27 Ich weiß dein Wohnen, dein Aus- und Einziehen und daß du tobst wider mich.

28 Weil du denn wider mich tobst und dein Übermut vor meine Ohren heraufgekommen ist, so will ich dir einen Ring an deine Nase legen und ein Gebiß in dein Maul und will dich den Weg wieder zurückführen, da du her gekommen bist.

29 Und das sei dir ein Zeichen: In diesem Jahr iß, was von selber wächst; im andern Jahr, was noch aus den Wurzeln wächst; im dritten Jahr säet und erntet, und pflanzt Weinberge und esset ihre Früchte.

30 Und was vom Hause Juda's errettet und übriggeblieben ist, wird fürder unter sich wurzeln und über sich Frucht tragen.

31 Denn von Jerusalem werden ausgehen, die übriggeblieben sind, und die Erretteten vom Berge Zion. Der Eifer des HERRN Zebaoth wird solches tun.

32 Darum spricht der HERR vom König von Assyrien also: Er soll nicht in diese Stadt kommen und keinen Pfeil hineinschießen und

mit keinem Schilde davonkommen und soll keinen Wall darum schütten;

33 sondern er soll den Weg wiederum ziehen, den er gekommen ist, und soll in diese Stadt nicht kommen; der HERR sagt's.

34 Und ich will diese Stadt beschirmen, daß ich ihr helfe um meinetwillen und um Davids, meines Knechtes, willen.

35 Und in derselben Nacht fuhr aus der Engel des HERRN und schlug im Lager von Assyrien hundertfünfundachtzigtausend Mann. Und da sie sich des Morgens früh aufmachten, siehe, da lag's alles eitel tote Leichname.

36 Also brach Sanherib, der König von Assyrien, auf und zog weg und kehrte um und blieb zu Ninive.

37 Und da er anbetete im Hause Nisrochs, seines Gottes, erschlugen ihn mit dem Schwert Adrammelech und Sarezer, seine Söhne, und entrannen ins Land Ararat. Und sein Sohn Asar-Haddon ward König an seiner Statt.

20. Kapitel

Hiskias Krankheit und Lebensverlängerung.
Eitelkeit vor den Gesalbten aus Babel und Tod.

1 Zu der Zeit ward Hiskia todkrank. Und der Prophet Jesaja, der Sohn des Amoz, kam zu ihm und sprach zu ihm: So spricht der HERR:

Beschicke dein Haus; denn du wirst sterben und nicht leben bleiben!

2 Er aber wandte sein Antlitz zur Wand und betete zum HERRN und sprach:

3 Ach, HERR, gedenke doch, daß ich vor dir treulich gewandelt habe und mit rechtschaffenem Herzen und habe getan, was dir wohl gefällt. Und Hiskia weinte sehr.

4 Da aber Jesaja noch nicht zur Stadt halb hinausgegangen war, kam des HERRN Wort zu ihm und sprach:

5 Kehre um und sage Hiskia, dem Fürsten meines Volkes: So spricht der HERR, der Gott deines Vaters David: Ich habe dein Gebet gehört und deine Tränen gesehen. Siehe, ich will dich gesund machen, am dritten Tage wirst du hinauf in das Haus des HERRN gehen,

6 und ich will fünfzehn Jahre zu deinem Leben tun und dich und diese Stadt erretten von dem König von Assyrien und diese Stadt beschirmen um meinetwillen und um meines Knechtes David willen.

7 Und Jesaja sprach: Bringet her ein Pflaster von Feigen! Und da sie es brachten, legten sie es auf die Drüse; und er ward gesund.

8 Hiskia aber sprach zu Jesaja: Welches ist das Zeichen, daß mich der HERR wird gesund machen und ich in des HERRN Haus hinaufgehen werde am dritten Tage?

9 Jesaja sprach: Das Zeichen wirst du haben vom HERRN, daß der HERR tun wird, was er

geredet hat: Soll der Schatten zehn Stufen fürdergehen oder zehn Stufen zurückgehen?

10 Hiskia sprach: Es ist leicht, daß der Schatten zehn Stufen niederwärts gehe; das will ich nicht, sondern daß er zehn Stufen hinter sich zurückgehe.

11 Da rief der Prophet den HERRN an; und der Schatten ging hinter sich zurück zehn Stufen am Zeiger Ahas, die er niederwärts gegangen war.

12 Zu der Zeit sandte Berodoch-Baladan, der Sohn Baladans, König zu Babel, Briefe und Geschenke zu Hiskia; denn er hatte gehört, daß Hiskia krank gewesen war.

13 Hiskia aber war fröhlich mit ihnen und zeigte ihnen das ganze Schatzhaus, Silber, Gold, Spezerei und das beste Öl, und das Zeughaus und alles, was in seinen Schätzen vorhanden war. Es war nichts in seinem Hause und in seiner ganzen Herrschaft, das ihnen Hiskia nicht zeigte.

14 Da kam Jesaja, der Prophet, zum König Hiskia und sprach zu ihm: Was haben diese Leute gesagt? und woher sind sie zu dir gekommen? Hiskia sprach: Sie sind aus fernen Landen zu mir gekommen, von Babel.

15 Er sprach: Was haben sie gesehen in deinem Hause? Hiskia sprach: Sie haben alles gesehen, was in meinem Hause ist, und ist nichts in meinen Schätzen, was ich ihnen nicht gezeigt hätte.

16 Da sprach Jesaja zu Hiskia: Höre des HERRN Wort:

17 Siehe, es kommt die Zeit, daß alles wird gen Babel weggeführt werden aus deinem Hause und was deine Väter gesammelt haben bis auf diesen Tag; und wird nichts übriggelassen werden, spricht der HERR.

18 Dazu von den Kindern, die von dir kommen, die du zeugen wirst, werden sie nehmen, daß sie Kämmerer seien im Palast des Königs zu Babel.

19 Hiskia aber sprach zu Jesaja: Das ist gut, was der HERR geredet hat, und sprach weiter: Es wird doch Friede und Treue sein zu meinen Zeiten.

20 Was mehr von Hiskia zu sagen ist und alle seine Macht und was er getan hat und der Teich und die Wasserleitung, durch die er Wasser in die Stadt geleitet hat, siehe, das ist geschrieben in der Chronik der Könige Juda's.

21 Und Hiskia entschlief mit seinen Vätern. Und Manasse, sein Sohn, ward König an seiner Statt.

21. Kapitel

Reich Juda. Manasse und Amon Könige.

1 Manasse war zwölf Jahre alt, da er König ward, und regierte fünfundfünfzig Jahre zu Jerusalem. Seine Mutter hieß Hephzibah.

2 Und er tat, was dem HERRN übel gefiel, nach den Gräueln der Heiden, die der HERR vor den

Kinder Israel vertrieben hatte,

3 und baute wieder Höhen, die sein Vater Hiskia hatte zerstört, und richtete dem Baal Altäre auf und machte ein Ascherabild, wie Ahab, der König Israels, getan hatte, und betete an alles Heer des Himmels und diente ihnen.

4 Und baute Altäre im Hause des HERRN, davon der HERR gesagt hatte: Ich will meinen Namen zu Jerusalem setzen;

5 und er baute allem Heer des Himmels Altäre in beiden Höfen am Hause des HERRN.

6 Und ließ seinen Sohn durchs Feuer gehen und achtete auf Vogelgeschrei und Zeichen und hielt Wahrsager und Zeichendeuter und tat des viel, das dem HERRN übel gefiel, ihn zu erzürnen.

7 Er setzte auch das Bild der Aschera, das er gemacht hatte, in das Haus, von welchem der HERR gesagt hatte: In dies Haus und nach Jerusalem, das ich erwählt habe aus allen Stämmen Israels, will ich meinen Namen setzen ewiglich;

8 und will den Fuß Israels nicht mehr bewegen lassen von dem Lande, das ich ihren Vätern gegeben habe, so doch, daß sie halten und tun nach allem, was ich geboten habe, und nach allem Gesetz, das mein Knecht Mose ihnen geboten hat.

9 Aber sie gehorchten nicht; sondern Manasse verführte sie, daß sie ärger taten denn die Heiden, die der HERR vor den Kindern Israel

vertilgt hatte.

10 Da redete der HERR durch seine Knechte, die Propheten, und sprach:

11 Darum daß Manasse, der König Juda's, hat diese Gräuel getan, die ärger sind denn alle Gräuel, so die Amoriter getan haben, die vor ihm gewesen sind, und hat auch Juda sündigen gemacht mit seinen Götzen;

12 darum spricht der HERR, der Gott Israels, also: Siehe, ich will Unglück über Jerusalem und Juda bringen, daß, wer es hören wird, dem sollen seine beide Ohren gellen;

13 und will über Jerusalem die Meßschnur Samarias ziehen und das Richtblei des Hauses Ahab; und will Jerusalem ausschütten, wie man Schüsseln ausschüttet, und will sie umstürzen;

14 und ich will die übrigen meines Erbteils verstoßen und sie geben in die Hände ihrer Feinde, daß sie ein Raub und Reißen werden aller ihrer Feinde,

15 darum daß sie getan haben, was mir übel gefällt, und haben mich erzürnt von dem Tage an, da ihre Väter aus Ägypten gezogen sind, bis auf diesen Tag.

16 Auch vergoß Manasse sehr viel unschuldig Blut, bis daß Jerusalem allerorten voll ward, außer der Sünde, durch die er Juda sündigen machte, daß sie taten, was dem HERRN übel gefiel.

17 Was aber mehr von Manasse zu sagen ist und alles, was er getan hat, und seine Sünde, die

er tat, siehe, das ist geschrieben in der Chronik der Könige Juda's.

18 Und Manasse entschlief mit seinen Vätern und ward begraben im Garten an seinem Hause, im Garten Usas. Und sein Sohn Amon ward König an seiner Statt.

19 Zweiundzwanzig Jahre alt war Amon, da er König ward, und regierte zwei Jahre zu Jerusalem. Seine Mutter hieß Mesullemeth, eine Tochter des Haruz von Jotba.

20 Und er tat, was dem HERRN übel gefiel, wie sein Vater Manasse getan hatte,

21 und wandelte in allem Wege, den sein Vater gewandelt hatte, und diente allen Götzen, welchen sein Vater gedient hatte, und betete sie an,

22 und verließ den HERRN, seiner Väter Gott, und wandelte nicht im Wege des HERRN.

23 Und seine Knechte machten einen Bund wider Amon und töteten den König in seinem Hause.

24 Aber das Volk im Land schlug alle, die den Bund gemacht hatten wider den König Amon. Und das Volk im Lande machte Josia, seinen Sohn zum König an seiner Statt.

25 Was aber Amon mehr getan hat, siehe, das ist geschrieben in der Chronik der Könige Juda's.

26 Und man begrub ihn in seinem Grabe im Garten Usas. Und sein Sohn Josia ward König an seiner Statt.

22. Kapitel

1 Josia war acht Jahre alt, da er König ward, und regierte einunddreißig Jahre zu Jerusalem. Seine Mutter hieß Jedida, eine Tochter Adajas, von Bozkath.

2 Und er tat was dem HERRN wohl gefiel, und wandelte in allem Wege seines Vaters David und wich nicht, weder zur Rechten noch zur Linken.

3 Und im achtzehnten Jahr des Königs Josia sandte der König hin Saphan, den Sohn Azaljas, des Sohnes Mesullams, den Schreiber, in das Haus des HERRN und sprach:

4 Gehe hinauf zu dem Hohenpriester Hilkia, daß er abgebe alles Geld, das zum Hause des HERRN gebracht ist, das die Türhüter gesammelt haben vom Volk,

5 daß man es gebe den Werkmeistern, die bestellt sind im Hause des HERRN, und sie es geben den Arbeitern am Hause des HERRN, daß sie bessern, was baufällig ist am Hause,

6 nämlich den Zimmerleuten und Bauleuten und Maurern und denen, die da Holz und gehauene Steine kaufen sollen, das Haus zu bessern;

7 doch daß man keine Rechnung von ihnen nehme von dem Geld, das unter ihre Hand getan wird, sondern daß sie auf Glauben

handeln.

8 Und der Hohepriester Hilkia sprach zu dem Schreiber Saphan: Ich habe das Gesetzbuch gefunden im Hause des HERRN. Und Hilkia gab das Buch Saphan, daß er's läse.

9 Und Saphan, der Schreiber, kam zum König und gab ihm Bericht und sprach: Deine Knechte haben das Geld ausgeschüttet, das im Hause gefunden ist und haben's den Werkmeistern gegeben, die bestellt sind am Hause des HERRN.

10 Auch sagte Saphan, der Schreiber, dem König und sprach: Hilkia, der Priester, gab mir ein Buch. Und Saphan las es vor dem König.

11 Da aber der König hörte die Worte im Gesetzbuch, zerriß er seine Kleider.

12 Und der König gebot Hilkia, dem Priester, und Ahikam, dem Sohn Saphans, und Achbor, dem Sohn Michajas, und Saphan, dem Schreiber, und Asaja dem Knecht des Königs, und sprach:

13 Gehet hin und fraget den HERRN für mich, für dies Volk und für ganz Juda um die Worte dieses Buches, das gefunden ist; denn es ist ein großer Grimm des HERRN, der über uns entbrannt ist, darum daß unsre Väter nicht gehorcht haben den Worten dieses Buches, daß sie täten alles, was darin geschrieben ist.

14 Da gingen hin Hilkia, der Priester, Ahikam, Achbor, Saphan und Asaja zu der Prophetin Hulda, dem Weibe Sallums, des Sohnes

Thikwas, des Sohnes Harhas, des Hüters der Kleider, und sie wohnte zu Jerusalem im andern Teil; und sie redeten mit ihr.

15 Sie aber sprach zu ihnen: So spricht der HERR, der Gott Israels: Saget dem Mann, der euch zu mir gesandt hat:

16 So spricht der HERR: Siehe, ich will Unglück über diese Stätte und ihre Einwohner bringen, alle Worte des Gesetzes, die der König Juda's hat lassen lesen.

17 Darum, daß sie mich verlassen und andern Göttern geräuchert haben, mich zu erzürnen mit allen Werken ihrer Hände, darum wird mein Grimm sich wider diese Stätte entzünden und nicht ausgelöscht werden.

18 Aber dem König Juda's, der euch gesandt hat, den HERRN zu fragen, sollt ihr sagen: So spricht der HERR, der Gott Israels:

19 Darum daß dein Herz erweicht ist über den Worten, die du gehört hast, und hast dich gedemütigt vor dem HERRN, da du hörtest, was ich geredet habe wider diese Stätte und ihre Einwohner, daß sie sollen eine Verwüstung und ein Fluch sein, und hast deine Kleider zerrissen und hast geweint vor mir, so habe ich's auch erhört, spricht der HERR.

20 Darum will ich dich zu deinen Vätern sammeln, daß du mit Frieden in dein Grab versammelt werdest und deine Augen nicht sehen all das Unglück, das ich über diese Stätte

bringen will. Und sie sagten es dem König wieder.

23. Kapitel

Josia erneuert den Bund des Volks mit Gott, schafft den Götzendienst ab und hält das Passah.; sein Tod. Joahas und Jojakim.

1 Und der König sandte hin, und es versammelten sich zu ihm alle Ältesten in Juda und Jerusalem.

2 Und der König ging hinauf ins Haus des HERRN und alle Männer von Juda und alle Einwohner von Jerusalem mit ihm, Priester und Propheten, und alles Volk, klein und groß; und man las vor ihren Ohren alle Worte aus dem Buch des Bundes, das im Hause des HERRN gefunden war.

3 Und der König trat an die Säule und machte einen Bund vor dem HERRN, daß sie sollten wandeln dem HERRN nach und halten seine Gebote, Zeugnisse und Rechte von ganzem Herzen und von ganzer Seele, daß sie aufrichteten die Worte dieses Bundes, die geschrieben standen in diesem Buch. Und alles Volk trat in den Bund.

4 Und der König gebot dem Hohenpriester Hilkia und den nächsten Priestern nach ihm und den Hütern an der Schwelle, daß sie sollten aus

dem Tempel des HERRN tun alle Geräte, die dem Baal und der Aschera und allem Heer des Himmels gemacht waren. Und sie verbrannten sie außen vor Jerusalem im Tal Kidron, und ihr Staub ward getragen gen Beth-El.

5 Und er tat ab die Götzenpfaffen, welche die Könige Juda's hatten eingesetzt, zu räuchern auf den Höhen in den Städten Juda's und um Jerusalem her, auch die Räucherer des Baal und der Sonne und des Mondes und der Planeten und alles Heeres am Himmel.

6 Und ließ das Ascherabild aus dem Hause des HERRN führen hinaus vor Jerusalem an den Bach Kidron und verbrannte es am Bach Kidron und machte es zu Staub und man warf den Staub auf die Gräber der gemeinen Leute.

7 Und er brach ab die Häuser der Hurer, die an dem Hause des HERRN waren, darin die Weiber wirkten Häuser für die Aschera.

8 Und ließ kommen alle Priester aus den Städten Juda's und verunreinigte die Höhen, da die Priester räucherten, von Geba an bis gen Beer-Seba, und brach ab die Höhen an den Toren, die an der Tür des Tors Josuas, des Stadtvogts, waren und zur Linken, wenn man zum Tor der Stadt geht.

9 Doch durften die Priester der Höhen nicht opfern auf dem Altar des HERRN zu Jerusalem, sondern aßen ungesäuertes Brot unter ihren Brüdern.

10 Er verunreinigte auch das Topheth im Tal

der Kinder Hinnom, daß niemand seinen Sohn oder seine Tochter dem Moloch durchs Feuer ließ gehen.

11 Und tat ab die Rosse, welche die Könige Juda's hatten der Sonne gesetzt am Eingang des Hauses des HERRN, an der Kammer Nethan-Melechs, des Kämmerers, die im Parwarim war; und die Wagen der Sonne verbrannte er mit Feuer.

12 Und die Altäre auf dem Dach, dem Söller des Ahas, die die Könige Juda's gemacht hatten, und die Altäre, die Manasse gemacht hatte in den zwei Höfen des Hauses des HERRN, brach der König ab, und lief von dannen und warf ihren Staub in den Bach Kidron.

13 Auch die Höhen, die vor Jerusalem waren, zur Rechten am Berge des Verderbens, die Salomo, der König Israels, gebaut hatte der Asthoreth, dem Gräuel von Sidon, und Kamos, dem Gräuel von Moab, und Milkom, dem Gräuel der Kinder Ammon, verunreinigte der König,

14 und zerbrach die Säulen und rottete aus die Ascherabilder und füllte ihre Stätte mit Menschenknochen.

15 Auch den Altar zu Beth-El, die Höhe, die Jerobeam gemacht hatte, der Sohn Nebats, der Israel sündigen machte, denselben Altar brach er ab und die Höhe und verbrannte die Höhe und machte sie zu Staub und verbrannte das Ascherabild.

16 Und Josia wandte sich und sah die Gräber,

die da waren auf dem Berge, und sandte hin und ließ die Knochen aus den Gräbern holen und verbrannte sie auf dem Altar und verunreinigte ihn nach dem Wort des HERRN, das der Mann Gottes ausgerufen hatte, der solches ausrief.

17 Und er sprach: Was ist das für ein Grabmal, das ich sehe? Und die Leute in der Stadt sprachen zu ihm: Es ist das Grab des Mannes Gottes, der von Juda kam und rief solches aus, das du getan hast wider den Altar zu Beth-El.

18 Und er sprach: Laßt ihn liegen; niemand bewege seine Gebeine! Also wurden seine Gebeine errettet mit den Gebeinen des Propheten, der von Samaria gekommen war.

19 Er tat auch weg alle Häuser der Höhen in den Städten Samarias, welche die Könige Israel gemacht hatten, (den HERRN) zu erzürnen, und tat mit ihnen ganz wie er zu Beth-El getan hatte.

20 Und er opferte alle Priester der Höhen, die daselbst waren, auf den Altären und verbrannte also Menschengebeine darauf und kam wieder gen Jerusalem.

21 Und der König gebot dem Volk und sprach: Haltet dem HERRN, eurem Gott, Passah, wie es geschrieben steht in diesem Buch des Bundes!

22 Denn es war kein Passah so gehalten wie dieses von der Richter Zeit an, die Israel gerichtet haben, und in allen Zeiten der Könige Israels und der Könige Juda's;

23 sondern im achtzehnten Jahr des Königs Josia ward dieses Passah gehalten dem HERRN

zu Jerusalem.

24 Auch fegte Josia aus alle Wahrsager, Zeichendeuter, Bilder und Götzen und alle Gräuel, die im Lande Juda und zu Jerusalem gesehen wurden, auf daß er aufrichtete die Worte des Gesetzes, die geschrieben standen im Buch, das Hilkia, der Priester, fand im Hause des HERRN.

25 Seinesgleichen war vor ihm kein König gewesen, der so von ganzem Herzen, von ganzer Seele, von allen Kräften sich zum HERRN bekehrte nach allem Gesetz Mose's; und nach ihm kam seinesgleichen nicht auf.

26 Doch kehrte sich der Herr nicht von dem Grimm seines Zorns, mit dem er über Juda erzürnt war um all der Reizungen willen, durch die ihn Manasse gereizt hatte.

27 Und der HERR sprach: Ich will Juda auch von meinem Angesicht tun, wie ich Israel weggetan habe, und will diese Stadt verwerfen, die ich erwählt hatte, Jerusalem, und das Haus, davon ich gesagt habe: Mein Namen soll daselbst sein.

28 Was aber mehr von Josia zu sagen ist und alles, was er getan hat, siehe, das ist geschrieben in der Chronik der Könige Juda's.

29 Zu seiner Zeit zog Pharao Necho, der König in Ägypten, herauf wider den König von Assyrien an das Wasser Euphrat. Aber der König Josia zog ihm entgegen und starb zu Megiddo, da er ihn gesehen hatte.

30 Und seine Knechte führten ihn tot von

Megiddo und brachten ihn gen Jerusalem und begruben ihn in seinem Grabe. Und das Volk im Lande nahm Joahas, den Sohn Josias, und salbten ihn und machten ihn zum König an seines Vaters Statt.

31 Dreiundzwanzig Jahre war Joahas alt, da er König ward, und regierte drei Monate zu Jerusalem. Seine Mutter hieß Hamutal, eine Tochter Jeremia's von Libna.

32 Und er tat, was dem HERRN übel gefiel, wie seine Väter getan hatten.

33 Aber Pharao Necho legte ihn ins Gefängnis zu Ribla im Lande Hamath, daß er nicht regieren sollte in Jerusalem, und legte eine Schatzung aufs Land: hundert Zentner Silber und einen Zentner Gold.

34 Und Pharao Necho machte zum König Eljakim, den Sohn Josias, anstatt seines Vaters Josia und wandte seinen Namen in Jojakim. Aber Joahas nahm er und brachte ihn nach Ägypten; daselbst starb er.

35 Und Jojakim gab das Silber und das Gold Pharao. Doch schätzte er das Land, daß es solches Silber gäbe nach Befehl Pharaos; einen jeglichen nach seinem Vermögen schätzte er am Silber und Gold unter dem Volk im Lande, daß er es dem Pharao Necho gäbe.

36 Fünfundzwanzig Jahre alt war Jojakim, da er König ward, und regierte elf Jahre zu Jerusalem. Seine Mutter hieß Sebuda, eine Tochter Pedajas von Ruma.

37 Und er tat, was dem HERRN übel gefiel, wie seine Väter getan hatten.

24. Kapitel

Reich Juda. Jojakim, Jojachin und Zedekia.
Belagerung Jerusalems durch Nebukadnezar.
Anfang der babylonischen Gefangenschaft.

1 Zu seiner Zeit zog herauf Nebukadnezar, der König zu Babel, und Jojakim war ihm untertänig drei Jahre; und er wandte sich und ward abtrünnig von ihm.

2 Und der HERR ließ auf ihn Kriegsknechte kommen aus Chaldäa, aus Syrien, aus Moab und aus den Kindern Ammon und ließ sie nach Juda kommen, daß sie es verderbten, nach dem Wort des HERRN, das er geredet hatte durch seine Knechte, die Propheten.

3 Es geschah aber Juda also nach dem Wort des HERRN, daß er sie von seinem Angesicht täte um der Sünden willen Manasses, die er getan hatte;

4 auch um des unschuldigen Blutes willen, das er vergoß und machte Jerusalem voll mit unschuldigem Blut, wollte der HERR nicht vergeben.

5 Was aber mehr zu sagen ist von Jojakim und alles, was er getan hat, siehe, das ist geschrieben in der Chronik der Könige Juda's.

6 Und Jojakim entschlief mit seinen Vätern. Und sein Sohn Jojachin ward König an seiner Statt.

7 Und der König von Ägypten zog nicht mehr aus seinem Lande; denn der König zu Babel hatte ihm genommen alles, was dem König zu Ägypten gehörte vom Bach Ägyptens an bis an das Wasser Euphrat.

8 Achtzehn Jahre alt war Jojachin, da er König ward, und regierte drei Monate zu Jerusalem. Seine Mutter hieß Nehusta, eine Tochter Elnathans von Jerusalem.

9 Und er tat, was dem HERRN übel gefiel, wie sein Vater getan hatte.

10 Zu der Zeit zogen herauf die Knechte Nebukadnezars, des Königs von Babel, gen Jerusalem und kamen an die Stadt mit Bollwerk.

11 Und Nebukadnezar kam zur Stadt, da seine Knechte sie belagerten.

12 Aber Jojachin, der König Juda's, ging heraus zum König von Babel mit seiner Mutter, mit seinen Knechten, mit seinen Obersten und Kämmerern; und der König von Babel nahm ihn gefangen im achten Jahr seines Königreiches.

13 Und er nahm von dort heraus alle Schätze im Hause des HERRN und im Hause des Königs und zerschlug alle goldenen Gefäße, die Salomo, der König Israels, gemacht hatte im Tempel des HERRN, wie denn der HERR geredet hatte.

14 Und führte weg das ganze Jerusalem, alle Obersten, alle Gewaltigen, zehntausend Gefangene, und alle Zimmerleute und alle

Schmiede und ließ nichts übrig denn geringes Volk des Landes.

15 Und er führte weg Jojachin gen Babel, die Mutter des Königs, die Weiber des Königs und seine Kämmerer; dazu die Mächtigen im Lande führte er auch gefangen von Jerusalem gen Babel,

16 und was der besten Leute waren, siebentausend, und Zimmerleute und Schmiede, tausend, alles starke Kriegsmänner; und der König von Babel brachte sie gen Babel.

17 Und der König von Babel machte Matthanja, Jojachins Oheim, zum König an seiner Statt und wandelte seinen Namen in Zedekia.

18 Einundzwanzig Jahre alt war Zedekia, da er König ward, und regierte elf Jahre zu Jerusalem. Seine Mutter hieß Hamutal, eine Tochter Jeremia's von Libna.

19 Und er tat, was dem HERRN übel gefiel, wie Jojakim getan hatte.

20 Denn es geschah also mit Jerusalem und Juda aus dem Zorn des HERRN, bis daß er sie von seinem Angesicht würfe. Und Zedekia ward abtrünnig vom König zu Babel.

25. Kapitel

*Zerstörung Jerusalems. Babylonische Gefangenschaft.
Der Stadthalter Gedalja von Ismael ermordet,
Jojachim vom König zu Babel begnadigt.*

1 Und es begab sich im neunten Jahr seines Königreichs, am zehnten Tag des zehnten Monats, kam Nebukadnezar, der König zu Babel, mit aller seiner Macht wider Jerusalem; und sie lagerten sich dawider und bauten Bollwerke darum her.

2 Also ward die Stadt belagert bis ins elfte Jahr des Königs Zedekia.

3 Aber am neunten Tag des (vierten) Monats ward der Hunger stark in der Stadt, daß das Volk des Landes nichts zu essen hatte.

4 Da brach man in die Stadt; und alle Kriegsmänner flohen bei der Nacht auf dem Wege durch das Tor zwischen zwei Mauern, der zu des Königs Garten geht. Aber die Chaldäer lagen um die Stadt. Und er floh des Weges zum blachen Felde.

5 Aber die Macht der Chaldäer jagte dem König nach, und sie ergriffen ihn im blachen Felde zu Jericho, und alle Kriegsleute, die bei ihm waren, wurden von ihm zerstreut.

6 Sie aber griffen den König und führten ihn hinauf zum König von Babel gen Ribla; und sie sprachen ein Urteil über ihn.

7 Und sie schlachteten die Kinder Zedekias vor

seinen Augen und blendeten Zedekia die Augen und banden ihn mit Ketten und führten ihn gen Babel.

8 Am siebenten Tag des fünften Monats, das ist das neunzehnte Jahr Nebukadnezars, des Königs zu Babel, kam Nebusaradan, der Hauptmann der Trabanten, des Königs zu Babels Knecht, gen Jerusalem

9 und verbrannte das Haus des HERRN und das Haus des Königs und alle Häuser zu Jerusalem; alle großen Häuser verbrannte er mit Feuer.

10 Und die ganze Macht der Chaldäer, die mit dem Hauptmann war, zerbrach die Mauer um Jerusalem her.

11 Das andere Volk aber, das übrig war in der Stadt, und die zum König von Babel fielen, und den andern Haufen führte Nebusaradan, der Hauptmann, weg.

12 Und von den Geringsten im Lande ließ der Hauptmann Weingärtner und Ackerleute.

13 Aber die ehernen Säulen am Hause des HERRN und die Gestühle und das eherne Meer, das am Hause des HERRN war, zerbrachen die Chaldäer und führten das Erz gen Babel.

14 Und die Töpfe, Schaufeln, Messer, Löffel und alle ehernen Gefäße, womit man diente, nahmen sie weg.

15 Dazu nahm der Hauptmann die Pfannen und Becken, was golden und silbern war,

16 die zwei Säulen, das Meer und das Gestühle, das Salomo gemacht hatte zum Hause des

HERRN. Es war nicht zu wägen das Erz aller dieser Gefäße.

17 Achtzehn Ellen hoch war eine Säule, und ihr Knauf darauf war auch ehern und drei Ellen hoch, und das Gitterwerk und die Granatäpfel an dem Knauf umher war alles ehern. Auf diese Weise war auch die andere Säule mit dem Gitterwerk.

18 Und der Hauptmann nahm den Obersten Priester Seraja und den Priester Zephania, den nächsten nach ihm, und die drei Türhüter

19 und einen Kämmerer aus der Stadt, der gesetzt war über die Kriegsmänner, und fünf Männer, die stets vor dem König waren, die in der Stadt gefunden wurden, und den Schreiber des Feldhauptmanns, der das Volk im Lande zum Heer aufbot, und sechzig Mann vom Volk auf dem Lande, die in der Stadt gefunden wurden;

20 diese brachte Nebusaradan, der Hauptmann, und brachte sie zum König von Babel zu Ribla.

21 Und der König von Babel schlug sie tot zu Ribla im Lande Hamath. Also ward Juda weggeführt aus seinem Lande.

22 Aber über das übrige Volk im Lande Juda, das Nebukadnezar, der König von Babel, übrigließ, setzte er Gedalja, den Sohn Ahikams, des Sohnes Saphans.

23 Da nun alle Hauptleute des Kriegsvolks und die Männer hörten, daß der König von Babel

Gedalja eingesetzt hatte, kamen sie zu Gedalja gen Mizpa, nämlich Ismael, der Sohn Nethanjas, und Johanan, der Sohn Kareahs, und Seraja, der Sohn Thanhumeths, der Netophathiter, und Jaasanja, der Sohn des Maachathiters, samt ihren Männern.

24 Und Gedalja schwur ihnen und ihren Männern und sprach zu ihnen: Fürchtet euch nicht, untertan zu sein den Chaldäern; bleibet im Lande und seid untertänig dem König von Babel, so wird's euch wohl gehen!

25 Aber im siebenten Monat kam Ismael, der Sohn Nethanjas, des Sohnes Elisamas, vom königlichen Geschlecht, und zehn Männer mit ihm, und sie schlugen Gedalja tot, dazu die Juden und Chaldäer, die bei ihm waren zu Mizpa.

26 Da machte sich auf alles Volk, klein und groß, und die Obersten des Kriegsvolks und kamen nach Ägypten; denn sie fürchteten sich vor den Chaldäern.

27 Aber im siebenunddreißigsten Jahr, nachdem Jojachin, der König Juda's, weggeführt war, am siebenundzwanzigsten Tag des zwölften Monats, hob Evil-Merodach, der König zu Babel im ersten Jahr seines Königreichs das Haupt Jojachins, des Königs Juda's, aus dem Kerker hervor

28 und redete freundlich mit ihm und setzte seinen Stuhl über die Stühle der Könige, die bei ihm waren zu Babel,

29 und wandelte die Kleider seines Gefängnisses, und er aß allewege vor ihm sein Leben lang;

30 und es ward ihm ein Teil bestimmt, das man ihm allewege gab vom König, auf einen jeglichen Tag sein ganzes Leben lang.

Anhang und Register

(1) Luther Bibel 2017
(2) Menge Bibel